1 MONTH OF
FREE
READING

at

www.ForgottenBooks.com

By purchasing this book you are eligible for one month membership to ForgottenBooks.com, giving you unlimited access to our entire collection of over 1,000,000 titles via our web site and mobile apps.

To claim your free month visit:

www.forgottenbooks.com/free1303004

ISBN 978-0-428-67933-0
PIBN 11303004

LA SENTINELLE
DU PEUPLE.

V NUMÉROS.

N°. I.er.

Nº. Iᵉʳ.

LA SENTINELLE
DU PEUPLE,

Aux Gens de toutes Professions,
Sciences, Arts, Commerce & Métiers,
composant le Tiers-État de la Province
de Bretagne.

Par un Propriétaire en ladite Province.

A Rennes, 10 Novembre 1788.

Amis et Citoyens, Vous ſaurez que,
par la grace de Dieu, doté d'un petit revenu
honnête, je puis vivre en bon Gentilhomme,
c'eſt-à-dire, ſans travailler ; mais puiſque
chacun de vous travaille, je me crois en
conſcience obligé de mettre auſſi la main à
l'œuvre. C'eſt pourquoi, tandis que l'un laboure
mon champ, que l'autre fait mon pain, ma

cuifine; que celui-ci me fabrique une étoffe,
que celui-là m'apporte de bien loin du café, du
fucre; j'ai avifé par quel moyen je pourrois
auffi me rendre utile; & fongeant qu'il court
par ce temps des *mal-intentionnés*, j'ai pris
pour lot le métier de *Sentinelle*, afin de
crier : *Haro* & *Qui vive ?*

Or donc, Amis & Citoyens, rodant l'un de
ces foirs par la Ville (Rennes), j'apperçus
à l'écart trois Meffieurs qui caufoient d'un air
de myftere & de grande vivacité. Un quatrieme
vint à paffer, & tous trois l'appellant, lui dirent:
Avez-vous vu la lettre ? — Quelle Lettre ?
— La Lettre circulaire que nous avons écrit
à la Noblesse de la Province. ---- Non ,
reprit-il. Alors comprenant qu'il s'agiffoit de
confpiration, je me colai contre le mur, dans
l'ombre; & l'un d'eux ayant regardé fi perfonne
n'écoutoit : --- Et bien, dit-il, *c'est une vi-*
goureuse Lettre que nous écrivons à toute
la Noblesse Bretonne, pour l'inviter à bien
s'unir, & à faire Corps contre toute attaque:
mon ami, l'union fait toute notre force, &
jamais nous n'en eûmes plus besoin. Les
Notables font des J. F... Les Dauphinois
font très-fuspects ; & voilà que nos Roturiers

s'élevent contre nos priviléges, ils veulent être admis aux Etats au pair de nous & du Clergé : s'ils réussissent, tout est perdu. Plus de Pensions ; plus de bienfaits ; nous payerons l'impôt comme la Roture : Messieurs, ne souffrons point cela ; formons une bonne ligue contr'eux ; je réponds de tout ; & vous verrez comme nous menerons cette canaille.

Des flambeaux étant survenus, les Conspirateurs disparurent ; moi je repris mon chemin, tout rêveur, & même tout triste de cette aventure. *Eh quoi !* disois-je, *voilà donc ces Défenseurs de la Patrie! Nous avions la simplicité de croire qu'ils combattoient pour nos droits, & ce n'étoit que pour leurs priviléges ; le Peuple les appelloit ennemis des Tyrans, & ils n'étoient que rivaux de Tyrannie. Pauvre Peuple, voilà comme toujours l'on te joue !*

Freres & Citoyens, je ne suis point un ami indiscret ; je ne vous déclare point le mal sans vous apporter le remede ; en me creusant la tête, j'ai trouvé un moyen d'anéantir cette ligue, le plus étonnant, le plus infaillible qu'ait jamais avisé un homme. Faites seulement ce que je vous dirai, & vous verrez à quoi sert de lire les Livres. Je veux avant dix jours mettre à vos genoux tous les Conjurés ; moi qui doute de beaucoup, je ne doute point de cela. Or voici comme je m'y prendrai ; car mes recettes sont d'autant plus sûres, qu'elles sont plus divulguées.

Amis & Citoyens, nous sommes en Bretagne près de deux millions de Roturiers de tout âge, de tout sexe ; les Nobles ne sont pas dix mille ; mais quand ils seroient vingt, nous ferions encore cent contre un. Si nous voulions, rien qu'à leur jetter nos bonnets par la tête, nous les étoufferions : mais je suis bon homme, moi ; je ne veux étouffer personne : & puis, quoiqu'il y ait parmi eux de mauvaises têtes, il y a aussi de bonnes gens ; & encore ces mauvaises têtes ne sont pas tant méchans qu'enfans gâtés : voilà ce que c'est que d'être riche! Le bonhomme Richard à raison ; *richesse & oisiveté conseils de folie.*

Amis & Citoyens, écoutez mon moyen. En examinant ce que nous sommes, je me suis apperçu que tous les arts utiles & nécessaires à la vie étoient concentrés parmi nous, pendant que les Nobles n'en savent pas un : & delà une idée lumineufe ; puifqu'ils veulent nous féparer d'eux, féparons-les de nous ; entendons-nous tous à la fois à leur retirer nos fervices ; que le Métayer ne laboure plus leurs champs ; que fa femme ne leur baratte plus de beurre ; que le Boulanger leur refufe le pain, le Boucher la viande, le Traiteur toute fa cuifine, tous les Marchands leurs marchandifes : ils voudront préfenter Requête : que l'Huiffier refufe d'affigner, l'Avocat de plaider, le Procureur de fe charger : avec tous leurs titres & leurs généalogies, vous verrez des gens bien attrappés. Qu'arrivera - t-il ? Qu'obligés de fe fervir eux-mêmes, ils feront de deux chofes l'une, ou ils tireront les Emplois au fort, & par cas rifible, M. le Chevalier fe trouvera aide de cuifine, M. le Comte garçon piqueur ; M. le Baron taillera des cullottes, M. le Marquis fera des fouliers & des bottes : ou bien les plus riches voudront fe faire fervir par les plus pauvres ; & comme ceux-ci font la plupart *meilleurs Gentilshommes*, ils fe révolteront ; dans les deux cas, leurs femmes obligées de teiller le lin, de baratter le beurre, de laver la leffive, écorcheront leurs mains douces & blanchettes ; ce fera vacarme au ménage ; ennemi dehors , ennemi dedans , si bien qu'il faudra terminer par nous crier miféricorde !

Amis & citoyens , c'eſt là que je les attends ; mais c'eſt là auſſi qu'il faut être ferme ; car ſi vous les écoutez d'abord , ils vous endormiront de careſſes ; ces Nobles ſont ſi cajoleurs quand ils ont beſoin de nous ! *Mon cher un tel, mon brave garçon, mon bon ami :* cela ne leur coûte rien ; & puis quand ils ont fait leur coup , ils vous regardent paſſer ſans vous reconnoître , & demandent par deſſus l'épaule à leur laquais , *quel eſt ce drôle qui m'a falué ?* & c'eſt bien fait : car nous autres Roturiers , nous ſommes ſi dupes , que quand un Noble nous donne un coup de chapeau , nous lui rendons tout de ſuite un coin de beurre.

Amis & Citoyens, pour prix de mon ſervice, laiſſez-moi mener cette affaire ; établiſſez-moi votre Agent avec plein pouvoir, & je réponds de vous faire reſtituer tous vos droits ; j'ai déjà dreſſé les articles du nouveau Contrat ſocial que je paſſerai ; je veux vous en faire part, afin de vous donner courage à tenir bon dans cette rencontre.

Articles

Articles de la Capitulation paſſée entre le Peuple de Bretagne & une petite faction de Citoyens appelés Nobles ou Gentils-hommes.

L'an 1788', le tantieme du mois de Décembre, l'Armée du Peuple étant campée dans la plaine *d'égalité civile*, appuyée à ſa droite au morne *liberté*, & couverte ſur ſon flanc gauche & ſur ſes derrieres par les marais *néceſſité*; & le corps des riches mécontens ſerré dans le détroit de *juſtice*, ayant à dos la rivière *famine*.

Entre ſimple homme, *Jean Demophile*, roturier ſans aïeux, *ne titres*, Sentinelle du Peuple, de ſon métier, & de préſent, plénipotentiaire de deux millions d'hommes qui travaillent;

Et très-haut & très-puiſſant Seigneur Hercule Ceſar Guingaloë de Guergantüël, Marquis, Baron, Comte, Vidame de pluſieurs Marquiſats, Baronnies, Comtés, deſcendant én ligne droite par les mâles des plus anciens Rois *Demogores* (1), & plénipotentiaire actuel d'une ligue d'hommes trop grands Seigneurs pour travailler, ont été arrêtés & convenus les articles qui ſuivent.

―――――――――

(1) C'eſt l'épithete qu'Homere donne aux Rois; elle ſignifie dévoreurs de Peuple.

1°. Encore qu'il foit douteux que les hommes Roturiers foient de la même efpece que les Gentilshommes de Bretagne; cependant vu que quand ils font déshabillés il n'apparoît en eux aucune différence ; arrêté que déformais ils fe regarderont comme égaux & femblables , fauf Lettres de refcifion fur plus amplement informé.

2°. Attendu que les riches ne le font que par le travail des pauvres , & que les Nobles ne fubfiftent que par les mains des Roturiers, pendant que les Roturiers peuvent fubfifter fans les Nobles , arrêté que déformais la Nobleffe ne fera plus *fi* de la Roture , mais traitera l e Tiers-Etat comme un frere actif ou un pere nourricier.

3°. Attendu que la vraie Nobleffe ne confifte pas à être exempté d'impôts , & revêtu de Charges exclufives , mais à faire des chofes utiles au Peuple qui les récompenfe de fa confidération ; arrêté que déformais , nul homme dans l'Etat ne jouira d'immunités d'impôt ; & que , quiconque s'en arrogera , fera regardé comme *oppreffeur du Peuple , & ennemi de la Patrie.*

4°. Attendu que l'impôt eft une contribution par laquelle on achete la jouiffance paifible des fruits de fon travail ou de celui de fes ancêtres , & qu'il eft d'étroite juftice que les char-

ges du contrat social soient en raison de ses
avantages ; arrêté que désormais l'impôt sera
proportionné aux facultés , & que les plus riches payeront plus.

5°. Attendu que toute Nation en général ,
& celle de Bretagne en particulier , a le
droit de se taxer elle - même ; arrêté que désormais nul impôt ne sera perçu, qu'il n'ait été
accordé par toute la Nation Bretonne ou par
ses Représentaus , librement choisis & duement
autorisés.

6o. Et parce que la composition actuelle des
Etats est illégale & abusive , en ce qu'elle
admet un nombre illimité de Nobles contre
quarante-deux Députés du Tiers , qui ne font
élus que par quelques Villes , arrêté que dès
les prochains Etats , il sera fait une réforme ;
& si les quarante - deux font bons Citoyens ,
ils commenceront par protester d'illégalité ,
& appelleront à représentation toute la Province.

7o. Encore que le Tiers-Etat compose à lui
seul presque toute la Nation Bretonne , &
qu'à ce titre il dût avoir une majorité de représentans , cependant, par amour de la paix ,
il consent à n'en avoir que la moitié , l'autre
moitié se partageant également entre le Clergé
& la Noblesse.

8o. Arrêté que le Parlement sera composé d'un

quart d'Ecclésiastiques, d'un quart de Nobles & d'une moitié de Roturiers ; que les chages ne feront plus héréditaires; mais qu'on les obtiendra par *Concours;* & que celle de Préfident fera annuelle, paffant alternativement aux trois Ordres.

9°. Arrêté que nul Noble ou annobli, ne pourra être dans aucun cas repréfentant du Tiers-Etat.

10°. Arrêté que les Députés aux Etats-Généraux, feront choifis, d'après ces principes, par toute la Province.

11°. Attendu qu'il est honteux que la Bretagne fe fépare du refte de la France, pour le payement de la dette ; arrêté qu'à l'exemple du Dauphiné, elle concourra de tout fon pouvoir à foutenir l'honneur de la Nation Françoife.

12°. Et parce que tout bien Eccléfiaftique qui vient à vaquer, retombe de droit aux mains de la Nation, arrêté que de ce moment, toute Abbaye, Prieuré & Bénéfice fans fonctions, feront mis en féqueftre pour alléger le fardeau de l'Etat.

Telles font, Amis & Citoyens, les conditions auxquelles vous devez recevoir à reconciliation les ligueurs de la Noblefe ; & prenez garde de vous en défifter, fous peine de retomber dans l'efclavage du temps paffé, pire encore que le Defpotifme.

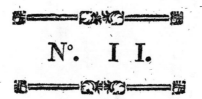

N°. I I.

N°. II.

LA SENTINELLE DU PEUPLE,

Aux Gens de toutes Professions, Sciences, Arts, Commerce & Métiers, compofant le Tiers-État de la Province de Bretagne.

20 Novembre 1788.

Amis et Citoyens, on me mande de Paris une nouvelle fi finguliere, que je ne puis m'empêcher de vous la ráconter.

Une Dame du premier rang, mais d'une *mauvaise constitution*, avoit vécu jufqu'à ce jour infirme & grabataire: les Charlatans qui la traitoient, difant qu'elle étoit tróp foible pour marcher, & qu'elle avoit d'ailleurs des vertiges, ne lui permettoient pas de fe lever. Pendant ce tems , c'étoit dans la maison *dissipation* de toute espece. Intendans , Aumôniers, Officiers, Laquais , Gens d'Ecurie , Femmes de Chambre & Compagnie , c'étoit à qui pilleroit le mieux le revenu de la Malade , & ce revenu étoit immense. Les Charlatans ne s'oublioient pas , & l'on voyoit en peu de tems , des Gens venus du Pont-neuf avec la cape et l'épée acquérir Hôtels & Châteaux , & mener un vrai train de Princes. Le scandale en étoit public : les Fermiers en gémissoient , les Voisins en médisoient ; le Maître seul ignoroit le désordre , & personne ne pouvoit ou n'osoit l'instruire : chez les Grands , l'accès est si difficile !

Cependant, il y a quelques années , un Médecin Etranger s'introduisit , on ne sait trop comment , dans l'Hôtel : & ayant vu approcher le Maître , il l'avertit que la maladie de sa Femme n'étoit pas ce qu'on la disoit : que sa grande foiblesse ne venoit que d'un *régime mal entendu* , d'une diete beaucoup trop sévere, & sur tout de *purgations excessives* : qu'elle n'avoit besoin , pour se rétablir , que de *développer* ses forces par l'exercice , & l'usage de *l'air libre*. Le Mari , qui ne désiroit que la meilleure santé de sa Femme, la confia à ce Médecin ; en effet, malgré des *circonstan-*

ces critiques qui furvinrent, il améliora fen-
fiblement fon état.

Mais les fangfues de la maifon, Intendans,
Charlatans, Dames de Compagnie, &c. fonge-
rent que fi la grande Dame recouvroit fa fanté,
elle régiroit elle-même fa fortune ; c'eft pourquoi, craignant la réforme, ils intriguèrent
fi bien auprès du Maître qu'il congédia le Médecin: & la Malade de retomber aux mains des
Charlatans ; & les Charlatans de la repurger ;
reffaigner, remettre à la diete, tant & fi bien,
qu'enfin il fut évident qu'elle alloit périr dans
leurs mains.

Alors les fangfues de la Maifon, avifant que
fi la grande Dame mouroit tout-à-fait, elles-
mêmes feroient fruftrées, on appelle le Méde-
decin. Lui, qui aime beaucoup fon métier, eft
revenu fans rancune ; & quoiqu'il ait trouvé fa
Malade beaucoup plus foible qu'auparavant, il
a perfifté dans fon premier avis, & prononcé
qu'il falloit d'abord la lever. En conféquence,
l'on a demandé fes hardes & fes fouliers ; mais,
hardes & fouliers préfentés, rien ne s'eft trouvé
de mefure. Depuis le tems que la Malade ne
s'en eft pas fervie, fes membres ont pris d'autres formes : & fur ce cas, grand embarras dans
le logis. Chez des gens du peuple, comme

myftere. Après y avoir bien fongé , l'on a mandé
les quatre Facultés & les Chefs des Arts &
Métiers. Un Vendredi, au mois de Novembre ,
fe tint leur premiere Affemblée : & là le fait
bien expofé, les avis, comme il eft d'ufage,
fe font trouvés fort partagés. En fomme , il y
a deux grands partis contraires : l'un, procédant
au plutôt fait , dit qu'il ne s'agit que de prendre la mefure actuelle du Corps , & de faire
des vétemens neufs conformes ; l'autre & ce
font les Gens graves & pofés , foutient qu'il
faut opérer avec plus de méthode , & que l'on
ne peut , dans les bonnes regles , vêtir la Dame
fans avoir fait auparavant un inventaire de tout
fon garde-meuble , pour bien conftater les rap-
ports de fes anciens vétemens à fa taille actuelle. En conféquence, l'on a fouillé toutes
les armoires du garde-meuble ; & comme la
Dame eft de Famille ancienne , on a trouvé
des habillemens de fes Mere , Grand-Mere ,
même Bifayeule , Robes romaines , Coëffures
grecques , Chauffures gothiques & gauloifes :
tout quoi l'on va comme de raifon , lui effayer,
fans oublier fon premier beguin & fon premier

petit foulier. La Dame, qui s'impatiente, crie :
Que tout cela eſt inutile ; qu'on lui fait perdre un tems précieux ; que depuis ſon bas-âge
les modes ont changé ; & qu'elle ne veut plus
qu'on lui parle de *Carcans* ni d'*Esclavages*, fuſ-
ſent-ils d'or, ni de *Précepteurs* d'acier, ni de
Corset de baleine, ni de *Plombs au cou-
de*, &c.

Les choſes en ſont là, & l'on ne ſait comment cela finira : mais tout le monde plaint
cette pauvre Dame d'avoir affaire, pour
s'habiller, aux Docteurs des quatre Facultés ; car
les gens à Bonnets-quarrés aiment les vieux
uſages, & n'entendent rien aux nouvelles
Modes.

P. S. On dit auſſi qu'en Bretagne il y a une
Fille de cette Dame qui ſe trouve dans le même
cas ; & qu'inceſſamment l'on doit voir même
aſſemblée & même querelle.

Freres & Citoyens ! depuis que j'ai découvert la Conſpiration des Ligueurs Nobles, je
ne les perds pas de vue : je ſuis pas à pas
leurs démarches : je vais vous en donner des
preuves.

Auſſi-tôt que j'eus connoiſſance de la Lettre,
je mis du monde en campagne, afin de me
la procurer. Dès le 3e jour l'on m'apporta

un écrit d'un ſtyle roide, quoique diſloqué, ayant des fautes d'orthographe, ce qui, joint au ton *conjuré*, me fit croire que c'etoit la Piece. L'on y parloit d'un *Arrêté* qui devoit inceſſamment paroître : j'entendis ce ſecond morceau pour vous faire mon rapport des deux enſemble. Mais pendant cet intervalle, j'appris, par des ſuſdits moyens, que cette Circulaire, à demi-publique, n'étoit qu'un leurre aux Curieux : qu'il en exiſtoit une plus ſecrette, qui contenoit le *Véritable* eſprit des Affaires : il s'agiſſoit de l'obtenir; la choſe m'a été longue & difficile : enfin, à force de pas & de démarches, j'en ſuis venu à bout, & je me hâte de vous la donner.

Esprit *de la Lettre circulaire des Nobles conjurés de Bretagne.*

Messieurs,

Vous aurez, ſans doute, apprécié les motifs de notre dévouement dans les troubles qui viennent de paſſer ; & vous n'aurez point cru, qu'en combattant pour notre Ordre, nous vouluſſions nous abaiſſer à être les martyrs du Vulgaire. La Fortune a ſurpaſſé nos eſpérances; & malgré nos étourderies, & le déſordre de

notre

notre conduite, devenus maîtres du champ de
bataille (par la folie de nos Ennemis) nous
comptions jouir *feuls* des avantages que nous
avions *emportés* (pour remportés) (par la
fageffe des Dauphinois, & l'intervention de
nos trois Ordres). Mais voici qu'un nouvel
orage plus dangereux s'éleve. Au moment
où nous efpérions participer à la Puiffance,
où, dominant dans nos *Etats*, nous nous flat-
tions d'une prépondérance dans ceux de la Nation, où nos Freres du Parlement de Paris
fecondoient fi bien notre efpoir, une foule de
circonftances fâcheufes fe fuccede pour déran-
ger nos projets. Par un renverfement d'idées,
un homme obfcur, devenu Miniftre, s'avife
d'être populaire : pour réfifter au Parlement, il
convoque une affemblée d'hommes qui, l'an paffé,
fe montrerent éclairés & juftes (1). Au même inf-
tant les Nobles du Dauphiné nous trahiffent,
& publient une Conftitution qui nous ridiculife.
Enfin, malgré nos foins, notre Peuple éveillé
par leur Code, & par mille Ecrits politiques
qui pullulent, veut fortir de la léthargie où
nous le tenions affaiffé. Le 20 de ce mois (Octobre) la *Commune* de Rennes a pris une Dé-

---

(1) Oui ; mais cette année ils ont bien pris leur
revanche.

libération propre à remuer toutes les autres. Si cette contagion de liberté & de justice se répand, Monsieur, notre empire est perdu. Le *Tiers*, sorti de son ignorance, revendiquera tous ses droits : il demandera dans les Etats une Voix égale à la nôtre, & à celle du Clergé réunies : il voudra choisir librement ses Députés ; exclure nos Candidats, (les Annoblis) nos Officiers, nos Gens ; & saisissant le point de la question, nous faire contribuer, par égalité aux charges publiques. Hâtons-nous, Monsieur, de prévenir de telles attaques : pendant que le Tiers chancele encore dans ses nouveaux principes ; pendant qu'il tient à d'anciens préjugés, unissons tous les moyens de notre Ordre pour faire échouer son entreprise : égarons-le par des sophismes, effrayons-le par des scrupules, divisons-le par des graces ; tout favorise nos desseins : par une superstition puérile il n'ose toucher aux vieux usages ; augmentons son respect pour eux : accoutumé à notre empire, il n'ose nous disputer notre prérogative aux Etats ; persuadons-lui qu'elle en fait la force, quoiqu'elle fasse sa propre foiblesse. Ses Chefs même sont si novices, qu'ils ne voient pas le piége des délibérations par Ordre : poussons-les à les continuer. Notre *veto* arrêtera tout : détournons-les sur-tout d'imiter l'exemple

du Dauphiné, & de faire une Conftitution toute
nouvelle : tant que notre peuple confervera aux
pieds quelques reftes de fes anciennes chaînes,
nous garderons l'efpoir de les lui renouer; voilà,
Monfieur, le plan de campagne que nous devons
nous entendre à fuivre. Nous vous prions de
le communiquer à vos voifins & à vos amis,
afin qu'ils fecondent de toutes parts nos opé-
rations. Nous débuterons inceffamment par un
expofé de maximes qui, fous une apparence
conftitutionnelle, font *parfaitement conformes*
à nos intérêts : & *nous ne doutons point que*
par la profondeur de notre Logique & le
sharme de notre ftyle, le fot Vulgaire n'y
foit trompé. Nous avons l'honneur, &c.

Freres & Citoyens ! vous avez vu cet
Arrêté annoncé dans la lettre, & quoique
nous foyons *de fot vulgaire*, perfonne de
nous n'y a été trompé. Pendant que je travail-
lois à vous donner mes *petites réflexions* fur
les *grandes maximes*, l'affaire de Nantes qui
eft furvenue m'a donné tant d'embarras qu'une
autre Sentinelle comme moi a eu le tems de
me prévenir ; mais qu'importe d'où vient le bien,
pourvu qu'il fe faffe ! Et il eft fait : Voyez les
Réflexions Patriotiques fur l'Arrêté, &c.

Freres & Citoyens ! Cette affaire de Nantes,
a caufé & caufe encore bien du vacarme ; je veux
vous en faire un petit réfumé.

Nos freres *qui travaillent* à Nantes, ayant jugé l'occasion favorable pour secouer le joug des hommes qui ne *travaillent point & cependant consomment tout*, avoient, par le droit qu'en ont tous les hommes, fait quelques assemblées, dans le mois dernier [Octobre] pour aviser le parti à prendre. Le 4 Novembre, l'Hôtel-de-Ville, délibérant sur le même objet, il se forma dans un instant une Députation de la plupart des Communautés & Corps de métiers, laquelle vint comme en procession & en pompe présenter sa requête sur nos communs griefs. Je dis communs ; car, moi qui parle, j'ai l'honneur d'y être comme un autre, & je n'en donnerois pas ma part pour une charge de Secrétaire.

Or donc, dans l'émotion que causa ce nouveau spectacle, il paroît que quelques égrillards s'échapperent à railler & à huer des MM. Nobles qui, dit-on, les avoient eux-mêmes insultés, & puis afficherent des placards injurieux à leurs portes. Amis & Citoyens ! cela n'est pas bien : mais l'on n'a tué ni blessé personne ; & pour du peuple comme nous, cela n'est pas mal.... Savez-vous ce qui est arrivé ? Dès le Vendredi (6 Novembre) un Gentilhomme maltraité écrivit au Chef de l'Ar=

mée à Rennes; que *tout Nantes étoit bouleverſé;*
que le Peuple étoit en révolte ; qu'il n'y
avoit plus de Police, & que la vie des hom-
mes Nobles n'étoit plus en ſureté. Voyez à
quoi menent une émeute, une calomnie! Et nous
ne faiſons que commencer.

Sur le champ on répand l'allarme, & l'on bat
la Générale *pour tenir le Conſeil.* Moi qui pré-
vis que la ſcene ſeroit bonne, je courus prendre poſte en la ſalle, &, par bonheur, ayant
trouvé une fauſſe armoire dans l'encoignure d'un
mur, je m'y tapis derriere la haute-lice, et j'at-
tendis en paix l'orage.

Il ne tarda pas. Bientôt ſix Gentilshommes
arrivent fort en colere, diſant : *C'eſt une*
ſédition, une révolte, contre nous !
contre le Roi ! Puis quatre ou cinq autres
accourent tout eſſouflés, criant, *des Ar-*
chers ! des Troupes ! la priſon ! c'eſt un
cas puniſſable ! Tous vouloient parler à la
fois, & chacun plus haut que les autres ; ſi bien
qu'ils ne s'entendoient plus ; puis d'autres frap-
poient à la porte, & dès le bas de l'eſcalier
crioient à tue tête, *oui, oui, non, non;* c'étoit
une vraie tenue *d'Etats de Bretagne*, & je
me croyois en tribune. Enfin ſe laſſant de
crier, ils commencerent à s'entendre &

l'un d'eux demandant silence, l'on consentit à l'écouter.

» *Messieurs*, dit-il, d'une voix aigue &
» perçante : *l'histoire est notre précepteur.*
» *Or, je lisois ce matin que, du tems*
» *de Philippe le Bel, ces Gens-là ayant*
» *fait les rebelles (comme ils font aujour-*
» *d'hui) nous autres nous montâmes à cheval,*
» *& quand nous en eûmes sabré un millier, le*
« *reste rentra docilement dans le devoir* ».
[1]. Et là il fit la réticence, que facilement je
devinai.

Amis & Citoyens ! ne me demandez point quel
est ce Patriote qui tue le monde pour lui ap-
prendre à vivre : je vous en fais l'aveu : quand
j'entendis ce discours meurtrier, le frisson me
prit ; je songeai que c'étoit fait de moi chétif,
qui suis *de ces gens-là*, si j'étois découvert, loin
donc de chercher à reconnoître l'homme, je me
fis petit comme *Ulysse* chez les *Cyclopes*, & re-
tenant mon haleine, je me recommandai tout
bas à *St. Guingalois* : je craignois sur-tout le
silence pendant lequel le moindre soupir pou-

_____

(1) La Sentinelle transpose. Ce propos a été tenu
non au Conseil, mais à la Commission Intermédiaire,
le 6 Novembre. *Note de l'Editeur.*

voit me déceler : mais heureusement le silence n'approche gueres d'une assemblée de 29 Gentilshommes. Aussi le discours du Guerrier fut-il suivi d'un grand murmure qui me donna le tems de me rassurer.

Freres & Citoyens, rassurez-vous aussi ; l'avis du Patriote ne prit pas faveur. La pluralité observa que le tems de la *Jaquerie* étoit passé, & que les Gentilshommes n'étoient plus les seuls à savoir donner des coups de sabre.

Le murmure s'étant appaisé , un autre Gentilhomme prit la parole , & dit , d'un ton plus mesuré.

» Messieurs , nous connoissons tous le courage
» & le haut mérite de l'illustre Baron qui vient de
» parler ; il fut un tems où j'aurois été le pre-
» mier à seconder son zele , mais malheureu-
» sement les circonstances ont changé , & la
» prudence veut que l'on suive les circonstan-
» ces. Le Temps n'est plus où tout ce peu-
» ple de Laboureurs, d'Artisans, de Marchands
» étoit notre esclave ; où , corps & biens , &
» même pensées , étoient à notre discrétion ;
» où nous exercions des droits jusques sur leurs
» femmes : les Rois et les Ministres , nos éternels
» Rivaux , nous ont enlevé ce doux empire ;
» hélas ! nous n'avons plus d'espoir de ramener

» de fi beaux jours. Déformais ce peuple affran-
» chi compte une jeuneffe nombreufe, que la
» force tenteroit en vain d'afservir. Ne nous le
» difsimulons point, Mefsieurs, nos bras ne font
» plus afsez puifsans ; mais l'empire de l'efprit
» nous refte, & fi vous approuvez mon plan,
» j'éfpere encore défendre les débris du fceptre
» que l'on veut nous arracher.

» Dans l'affaire actuelle, je penfe qu'il faut
» recourir aux voies juridiques, afin de donner
» un caractere de fédition aux mouvemens du
» Tiers-Etat ; j'opine donc à dénoncer au Parle-
» ment l'Hôtel de Ville, les Communautés, en
» un mot, toute la Ville de Nantes. Les Magif-
» trats, Nobles comme nous, du moins en
» partie, favoriferont notre pourfuite. En même
» temps je ferai intervenir, en dénonciation,
» notre Commifsion Intermédiaire. D'autre part,
» nous manderons à nos Députés en Cour,
» qu'ils aient à contrarier ceux des Roturiers,
» & qu'ils engagent le Miniftre à les chafser
» pour le moins de Verfailles : enfin, nous écri-
» rons tous & chacun dans les Villes qui
» députent à nos Etats, pour féduire, intimi-
» der, divifer..... L'Illuftre Baron emploiera
» fes richfses à foudoyer des Ecrivains, à faire
» compofer des libelles, à faire donner des
» coups

» coups de bâtons aux Auteurs Plébéïens : déjà ,
» Meſſieurs, un de mes Amis tient prêt un
» petit Pamphlet qui ſera d'un effet admirable :
» il y prend le ton bon-homme & pacifique :
» il appelle les Roturiers SES COMPATRIOTES ,
» SES AMIS , SES CONCITOYENS ; de la part
» de gens comme nous, cela les flatte infini-
» ment. Il leur parle beaucoup d'union, & adroi-
» tement il gliſſe la diſcorde , en alarmant le
» Commerce ſur l'aſſiette de ſa *portion d'Im-*
» *pôt, comme ſi* elle pouvoit être pire qu'au-
» jourd'hui. Pour faire échouer les Aſſemblées &
» l'élection des Députés, il fait un tableau effrayant
» de l'Anarchie, *comme s'ils* étoient prêts d'y tom-
» ber ; & en même tems il éveille le Gouverne-
» ment ſur ces nouveautés, *comme ſi* elles étoient
» contraires à ſon intérêt. Moi-même , inceſſam-
» ment j'écrirai ſur les *avantages* de délibérer par
» Ordres , & ſur *l'extrême importance* de
» nous laiſſer notre *aſſiſtance* illimitée aux
» Etats : les bonnes gens ſont déjà preſque ren-
» dus. Enfin , Meſſieuts , avec des promeſſes ,
» des dîners , des penſions, nous ſerons parmi
» eux des traîtres ; nous établirons la divi-
» ſion ; & la diviſion fut dans tous les tems
» l'art & le moyen de régner ».

Alors un applaudiſſement général s'éleva :
Sent. du Peup. No. 2.　　　　　C

fur le champ l'Orateur-Commiffaire fut chargé
de fuivre l'affaire conjointement avec le Grand
Chef: on leur vota des remercîmens, & la
promeffe d'une gratification aux prochains Etats ;
& ils partirent pour fe rendre à la Commiffion.

Quand ils eurent franchi la porte, on com-
mença felon l'ufage de les épiloguer. C'eft un
rufé matois, difoit l'un, que notre Commif-
faire ; il vendroit le Chef fans bourfe délier:
oui, difoit l'autre, c'eft dommage qu'il
ait la manie de defcendre des *Achitopel* ;
mais chacun fait qu'il n'eft pas des *bons*. C'eft
un brave garçon, dit un troifieme, que le Général ; il tient excellente Table, mais il
veut trop primer : & tout le monde connoît fon
enture fur les Guergantuaël.

Enfin la féance finit, & tout étant tran-
quille & fûr, je fortis de mon réduit, & je me
fauvai.

P. S. Amis! j'ai fait un oubli. En engageant
nos Freres de tous les métiers à ne plus travailler pour les Nobles, j'ai oublié d'excep-
ter les Imprimeurs : je les prie donc de leur
rendre leurs fervices, afin que nous entendions
leurs raifons : moi j'aime beaucoup les écrits des
Nobles ; c'eft une vraie mine de réflexions : mais
j'avertis nos Freres les Libraires d'imprimer aux
frais des Auteurs, *de peur d'accident.*

N°. III.

LA SENTINELLE DU PEUPLE,

Aux Gens de toutes Professions, Sciences, Arts, Commerce & Métiers, composant le Tiers-État de la Province de Bretagne.

5 Décembre 1788.

Amis et Citoyens, ils firent comme ils avoient dit ; & de la Salle du Conseil, les deux Chefs allerent à la Commission, *César-Guergantuaël* marchant devant, *Crocodilus-Achitopel* suivant par derriere. Arrivés qu'ils furent, ils trouverent un Homme du Roi [l'un des Substituts du Procureur-Général] , & le sommerent de dénoncer la sédition. L'Homme du Roi sachant son métier, les pria de signer la dénonciation. Moi j'aurois cru que César eût signé : il n'osa pas. Pour Achitopel, il est trop rusé : il envoie les plus fous aux prunes, mais il n'y va point. Il fit comme pour la Circulaire : il dit que cela demandoit réflexion. Alors ◢

conférant de nouveau enfemble, ils prirent
une autre tournure. Général, dit Achitopel,
notre Affaire-ici veut du temps : je m'en charge.
Vous, allez de ce pas au Parlement ; & tirant
à part un des Nôtres, priez-le de nous rendre
ce petit fervice ; entre Gentilshommes, cela
ne fe refufe point. Le Général, fier de fon
importance, courut en hâte au Parlement. Et en
effet, y ayant trouvé un de Meffieurs à dévo-
tion, il crut la bataille gagnée ; mais Noffei-
geurs, qui entendent les affaires, dirent que
faute de fignature, il n'y avoit lieu à *informer*,
mais feulement à s'informer par voie familiere
de Lettre. En conféquence, l'Homme du Roi
fut chargé d'écrire. Et (voyez comme
les Gentilshommes font zélés pour la tranquil-
lité publique !) ils dépêcherent eux-mêmes, à
leurs frais, un Courier pour porter la Lettre,
imaginant qu'elle fût un Arrêt. Dès le Diman-
che on eut réponfe ; mais, par malheur, il ne
fe trouva point de charges. Le lundi, vinrent
par la pofte, la Délibération de l'Hôtel de
Ville, la Requête & l'Arrêté de nos Concitoyens : & ce fut un nouveau vacarme.

« Comment ? dirent les Nobles, en lifant ces
» Imprimés, vouloir nous faire contribuer aux
» dépenfes publiques ! vouloir taxer nos châ-
» teaux, nos parcs, nos jardins ! nous faire

» payer les fouages ! nous faire foulager les
» payfans du poids de la corvée ! c'eft violer
» les propriétés. Mais, fur-tout demander une
» Repréfentation aux Etats, égale aux deuxNô-
» tres ! nous réduire à députer comme des
» Roturiers ! & , qui pis eft , à délibérer par
» têtes !. . . . . . C'eft renverfer la conftitution ;
» c'eft ébranler le Trône même ! car , nous fom-
» mes les foutiens du Roi : & quoique nous
» ne foyons pas deux mille en Bretagne, c'eft
» nous qui lui maintenons la Province fidelle ».

Et nos Gentilshommes , de faire de nouvelles Affemblées, & chacun de propofer des me-
fures. Meffieurs , leur dit *Achitopel*, j'opine
toûjours pour le parti de faire intervenir notre
Commiffion à dénoncer les Nantais au Miniftre,
par le canal de nos Députés en Cour. Nous fommes forts des deux côtés : deux de nos Députés
font Nobles ; & à la Commiffion, nous fommes douze contre fix. . . . . Par menaces ou par
careffes, nous enleverons les Gens du Tiers.

En effet , depuis ce moment , *Achitopel* &
fes Confreres ont remué ciel & terre pour con-
vertir nos Commiffaires. Ils n'étoient que quatre
(1) contre huit ou dix; car il n'eft pas jufqu'à
un petit maraut d'Abbé, qui, quoique né des
Nôtres, s'eft montré plus ardent contr'eux qu'au

_____

(1) Deux font à la campagne. *Note de l'Editeur.*

cuh autre : il n'eft tel ennemi qu'un traître.
Mais nos amis ont tenu ferme. On les a priés,
conjurés, menacés. *Achitopel* leur a pris les
mains : *mon cher Confrere, vous êtes si brave*
homme !.. faites cela pournous ; nous vous
le rendrons : là, ...par amour de la paix ,
pour le bien de l'union. Un de ces jours , il
fe fâcha & s'échappa (lui qui eft prudent) jufqu'à perfiffler l'un des Nôtres fur les avantages de fa Place ; mais la ripofte fut bonne.
Il est vrai, dit l'Homme du Tiers , que , *sous*
le nom de gratification , les Etats me don-
nent 1,500 liv. , qui à raison de mon travail,
ne sont qu'un bien juste salaire ; mais vous,
Monsieur, qui en parlez , à qui , plus qu'à
vous, la Chose Publique a-t-elle été gratui-
tement et demésurément profitable ? Le Gentilhomme , faifant la pirouette , fe mordit le
bout des doigts. Ses Confreres en rirent fous
cape : l'homme eft toujours jufte ou malin. Or,
le fin mot eft que ce Noble a reçu de Noffei-
gneurs les Etats , jufte 220,000 liv. , en bons
deniers comptans , dont 40,000 écus d'une
volée, pour dragées de Baptême d'un fien En-
fant, dont ils furent galamment Parreins. Quarante mille écus, mes Amis ! fi les Etats de
Bretagne nous payoient ainfi nos enfans , nous
ferions tous des millionnaires.

Freres & Citoyens, j'ai, depuis quelques
jours, pour voisin un Gentilhomme Dauphinois, qui eſt venu voir notre Province:
D'abord, le ſachant Gentilhomme, je me tenois
à diſtance; mais après l'avoir entendu, j'ai
oublié qu'il fût Noble. Depuis que nous avons
fait connoiſſance, nous ne ceſſons de parler
d'affaires, tantôt des ſiennes, tantôt des nôtres,
ſi bien qu'en ces veillées d'hyver, bien ſouvent
minuit nous y ſonne. Or, le jour même de
l'Anecdote, je lui en fus faire gorge-chaude;
je croyois qu'il en dût rire comme moi. Mais
mon Homme ſe levant tout en colere : Comment quarante mille écus ! ſavez-vous bien ce
qu'eſt que cette ſomme? ſavez-vous que ce ſont
40,000 boiſſeaux de bled, pour leſquels il a
fallu ouvrir, refendre, herſer, fumer, enſemen-
cer deux mille arpens de terre, auxquels ont
été employés quatre ou cinq cents couples de
bœufs, & les ſoins de deux cents familles : &
tout cela pour un avorton ! certes, vous achetez
bien cher un ennemi de plus ! Et puis, étonnez-
vous du déſordre de vos Finances ! Demandez
ce que devient l'argent, quand les penſions,
les bienfaits, les graces, les appointemens
énormes, les fondations d'Hôtels & de Chapitres nobles abſorbent tout. Quarante mille
écus !... deux Tenues d'Etats du Dauphiné ne
les coûtent pas; & nous y réglons le ſort de
700,000 Hommes !

Amis & Citoyens, quand j'entendis cette ti-
rade, je demeurai tout ébahi: moi, je trouvois
cela tout fimple: c'eft l'ufage de notre Pays ;
ufage ancien, fubfiftant même fur nos Ducs,
bien long-tems avant la Reine Anne. Il n'eft
peut-être pas trop bon : mais enfin, c'eft un
vieil ufage, & je n'aime pas les innovations ;
nous en fommes un peu moleftés, & fouvent
nous nous en plaignons ; mais rien que d'en
parler, confole: & quand on s'eft plaint, l'on
fe trouve foulagé. J'avoue que notre Conftitution eft vicieufe, mais c'eft l'ouvrage
de nos Peres, & il faut du refpect filial. Pour
l'améliorer, il faudroit la détruire ; mais j'ai
toujours entendu dire à mon grand Pere, le Maire
de Ville, & à mon grand Oncle, l'Echevin,
qu'il ne falloit rien changer ; & puis, c'eft NO-
TRE Conftitution : que diroient de nous nos
voifins? que nos Peres étoient des Barbares ;
que nous étions des hommes aveugles! Or,
imaginer que nous ayons vécu jufqu'à ce jour,
dans un état de préjugés & de fervitude,
c'eft manquer de refpect à des Bretons comme
nous: auffi nos Avocats de Rennes font-ils,
dit-on, un bon Mémoire où, en retraçant le
tems paffé, fans rien omettre, ils fe garderont
bien de confeiller des innovations, de peur d'é-
branler la Conftitution.

Freres ;

Freres, pour suivre mon affaire, je vous dirai que les Nobles & le Clergé de la Commission ont, dressé un procès-verbal du refus qu'ont fait les Membres du Tiers de signer leur Dénonciation aux Députés en Cour. Ils y disent que nos défenseurs ont fait ce refus après avoir *délibéré*; mais, par malheur, dans une Lettre à leur Procureur-Syndic à Nantes, ils avouent que les Membres du Tiers ont refusé, même de délibérer, attendu que *les Commissions n'ont pas de compétence pour de tels objets* : & comme par un article du Réglement de 1786, il n'est pas permis au Parti le plus foible, de porter sur le Regiftre ses Protestations, les Nobles font restés maîtres du champ de bataille.

Freres & Amis, c'est un beau Réglement que celui de 1786! Il y est défendu d'écrire, *pendant les Etats, sur aucune affaire; d'élever aucune réclamation contre aucun des Membres; de présenter des Requêtes où il y ait des choses personnelles.* Le fâcheux, est d'avoir fait imprimer ce Livre; *Achipotel* ne le vouloit pas; il connoît tout le danger de la publicité : aussi s'oppose-t-il, de tout son pouvoir, à ce que l'on imprime les Comptes.

Amis, un petit moment : je crois que l'on m'appelle. *O Compatriote!* Qui cela, Compa-

Sent. du Peup. N°. 3.   **B**

triote ? *Moi, votre Concitoyen, votre Ami,*
qui veux la paix, l'union. — Nous ne fommes pas divifés ; — *mais un Ordre fe fépare*
des deux Autres. — Qu'appellez-vous un
Ordre ? changez vos termes, Monfieur : le
Tiers-Etat n'eft point un Ordre il eft la *Nation* ;
c'eft un *Corps* entier & complet dont la Nobleffe
& le Clergé ne font pas même les membres utiles ;
car ils ne le font ni vivre ni agir ; ils ne font que
des loupes qui l'épuifent, & dont on veut réforber
la fubftance pour renfoncer la maffe. Monfieur le
noble, paffez votre chemin ; vous nous propofez
le Parlement pour arbitre, parce que vous en
êtes ; mais nous ne voulons point de vous pour
ami, vous nous feriez l'opération que vous avez
faite à un Hiftorien (1).

Amis & Citoyens, je croyois l'affaire affou-
pie, & prête à mourir de langueur. Mais un
de ces matins j'appris qu'elle fe ranimoit de plus
belle, & que nos freres de Nantes étoient dénoncés au Parlement : & par qui ? Par un des
Procureurs-Syndics, dont ils paient les gages.
Moi qui croyois qu'ils étoient dénoncés au
Grand Criminel, l'épouvante me prit prefqu'auffi

_____

(1) M. de B.... Avocat-Général au Parlement, Auteur du Pamphlet *à mes Compatriotes*, a fait faire à
fes frais une édition de l'Abbé Raynal, dont il a *re-
tranché* tous les morceaux d'energie. Ceux qui voudront
acheter cette édition peuvent s'adreffer chez lui.

fort que lorſque j'étois dans l'armoire ; car il faut l'avouer, je ne ſuis pas de mon naturel très-hardi. Dans mon bas-âge, ma grand'mere & ma gouvernante m'ont tant conté d'hiſtoires de revenans & de voleurs, de ſorciers & de huguenots, même d'auteurs brûlés par *Noſſeigneurs*, que j'en ai gardé des terreurs paniques ; j'en ſuis honteux : mais que voulez-vous ? on ne ſe fait pas : & puis, je n'en ſuis que plus propre au métier de *ſentinelle*, car demi-lieue avant de voir l'ennemi, je ſonne l'allarme & on a le temps de ſe ſauver.

Or donc, quand je ſus la nouvelle de cette dénonciation, ſongeant à tous les déſaſtres qui en pouvoient réſulter, décrets, empriſonnemens, d'abord de nos douze Députés, puis de leurs Commettans & Communautés, des trois quarts de la Ville de Nantes, peut-être même, par ſuite & complicité, de tout le Tiers-Etat de la Province, je courus chez mon voiſin lui raconter mon angoiſſe. Monſieur ! Monſieur, lui dis-je ; ah, mon Dieu ! le Tiers-Etat... eſt.... dénoncé ! Je penſois qu'il dût me raſſurer. Point du tout ; il ſe prit à rire. — Il ne s'agit pas de rire. Le voilà dénoncé.... au Parlement ! — *Et bien !* dit-il, *ſi le Parlement le condamne, qui l'exécutera ?* (Je fus un peu embarraſſé.)

Mais, Monſieur, la Nation ..... *Quelle Na-tion?* -- Celle dont a parlé le Préſident D. L. H. Eſt-ce que vous n'étiez pas au diſcours de rentrée ? --- *non* ---- Eh bien ! après avoir parlé des démarches que firent dans les der-niers troubles les deux Ordres de la Nobleſſe & du Clergé , il a ajouté, & *le Tiers-Etat ſuivit l'exemple de la Nation.* Et le Voiſin recom-mença de rire à s'en tenir les côtés.

Enſuite ayant pris ſon ſérieux: Mais, mon cher, me dit-il, ſavez-vous bien qu'en votre Bre-tagne, vous êtes étrangement arriérés ? Savez-vous bien qu'exception faite de quelques can-tons, tels que Nantes & Saint Malo , il n'y a peut-être pas deux Provinces en France, où les idées d'ordre ſocial & de choſe publique ſoient moins avancées qu'en celle - ci ? Dans ces trou-bles derniers, vos Nobles parloient de *patriotiſ-me*, de *dévouement*, de *liberté ;* nous penſions que c'étoit l'eſprit de la Nation. Nous vous croyions un Peuple libre, & vous êtes des hom-mes ſubjugués. Ils tonnoient contre le deſpotiſ-me, & je n'ai jamais vu de lieu où il y en eût plus que dans votre Ville (Rennes). De quelque côté que je me tourne, je ne trouve que Deſ-potiſme ; Deſpotiſme de Nobleſſe ; Deſpo-tiſme de Parlement ; Deſpotiſme même de Clergé , & tout cela Deſpotiſme Gentilhomme.

Car c'eſt le Deſpotiſme Noble, qui dans le Chef de l'Egliſe régit la hiérarchie des Prêtres, influe par eux dans les familles, & pour comble d'abus, s'arroge l'éducation publique. C'eſt le Deſpotiſme Noble qui, dans la perſonne des hauts Magiſtrats, regle à ſon gré le ſort des Citoyens, en modifiant, interprétant la Coutume; qui ſe crée de ſon chef des droits, paſſe des *Arrêts de Compagnie* pour exclure de ſon ſein les non-Nobles, & s'érige en auteur des loix, quand il n'en eſt que le miniſtre : c'eſt le Deſpotiſme noble qui, dans la perſonne des Gens de condition, peſe ſur tous les Habitans par le mépris des bienſéances, affecte de ne partager ni les intérêts, ni les jeux, ni les aſſemblées de toute autre claſſe, ſe fait une exiſtence ſéparée, & s'appelle proprement le monde (1).

Vous parlez de Conſtitution, d'Etats compoſés des trois Ordres? Eſt-ce une vraie repréſentation que quarante-deux voix de Députés choiſis par quarante-deux Villes? Et quel choix, quand ces Députés ſont nommés par des places vénales ou des Communes abuſives? Vous avez le nom de *Communes*, en avez-vous la réalité? Eſt-ce une Commune dans Rennes que

_____

(1) C'eſt l'expreſſion d'uſage. Entre Nobles, *allez-vous dans le monde* veut dire, *allez-vous chez nous autres?* Note de l'Editeur.

trois cens quelques électeurs fur foixante-dix
mille têtes ? Auffi voyez quelle Municipalité (1) !

Vous parlez de Gouvernement, & quel eft
celui d'un pays où tout retrace encore les fiecles barbares ? D'un pays où d'immenfes ter-
reins reftent en friche ; où la culture des autres
eft foible & mauvaife ; où les chemins font
mal tenus, où la plupart des villes font infectes
& hideufes ; où généralement le peuple eft mifé-
rable & groffier.

--*Mais, Monsieur, il eft fainéant.*--Fau-
dra-t-il qu'il foit laborieux, quand il ne voit pour
prix de fon travail aucune jouiffance ? Faudra-
t-il qu'il foit éclairé quand fes Chefs ne font
rien pour diffiper fon ignorance ?

Quelle eft l'adminiftration d'une Ville, où
fur foixante-dix mille têtes il n'y en a que fept
mille affez riches pour payer la Capitation, &
où tout fourmille de mendians ? --*Mais, Monsieur, il y a un Dépôt.*--Oui, dans un marais infalubre : & c'eft à établir des Dépôts que
confifte l'art de gouverner ?

Quelle eft la Police d'une Ville où hors un
quartier limité, tout le refte eft impraticable ?
-- *Mais, Monsieur, nous manquons de fonds*

----

(1) Voyez les Arretés des 17 & 24 Novembre, où
es Municipaux ont battu la retraite avant d'avoir vu
Ennemi.

pour payer.-- Oui ! quand on donne 120,000 l.
pour un Baptême ; quand chaque année l'on
folde 40,000 écus à un Gouverneur fans fonctions ; quand on paie 80,000 livres à un Com-
mandant inutile ; 40,000 autres à un Intendant;
66,000 à un Lieutenant-Général aux huit Evê-
chés ; 35,000 à un Lieutenant-Général au Comté
Nantais; 14000 à un Lieutenant de Roi de la haute
Bretagne , autant encore à un autre de la baf-
fe , 30,000 à deux Préfidens Nobles des Etats,
& un tiers moins au troifieme , parce qu'il eft
roturier ; quand on entretient à grands frais un
Hôtel pour quelques Cadets, & que l'on tient
une lifte de penfions pour une armée de Gentilshommes.

Mais , Monfieur , il faut foutenir la pauvre
Nobleffe. -- Oui ! quand on donne tout à la
riche ; quand pour faire un aîné grand Seigneur,
on ruine toute une famille , quand une loi d'un
deffein pervers déshérite & de plus interdit
de toute induftrie de malheureux Cadets , afin
de forcer des hommes libres à fe faire efcla-
ves des Rois, pour n'obtenir après trente années de travaux , que les gages d'un merce-
naire , & une décoration avilie par d'indignes
partages.

O. Bretons ! peut-on fans outrage vous préfenter la vérité ? vous n'êtes point au niveau

de votre fiecle : l'efprit ancien regne encore
parmi vous ; & la raifon en eft naturelle. Vous
avez long-temps eu fur nous l'avantage d'une
conftitution déterminée, qui ayant un caractere
marqué, vous a mieux confervé le vôtre : mais
comme elle fut fondée en des temps déjà re-
culés, vous avez moins pris des fiecles moder-
nes ; les autres Provinces fe font peut-être
amolies en fe poliçant ; mais vous, gardant
vos anciens ufages, vous confervez des préjugés, & vous repouffez l a lumiere. Auffi dans
la révolution qui entraîne maintenant toute la
France, je tremble que vous ne vous trouviez
les derniers à marcher.

Amis & Citoyens ! en entendant cela, j'eus
prefque envie de me fâcher ; car enfin, difois-
je en moi-même, cet homme manque de refpect
à NOTRE Pays. Cependant, comme fon intention étoit bonne, je ne tirai pas à conféquence, & je fuppofai, pour le coup, m'être trouvé
avec un Gentilhomme. Il faut bien que l'honneur
fe paie.

Freres & amis ! raffurons-nous, la dénonciation n'eft point criminelle ; il ne s'agit que de
fupprimer la Requête, comme publiée fans nom
d'Imprimeur, c'eft-à-dire en contravention aux
Reglémens de la Librairie. Vous allez dire : *Et
l'Arrêté des Nobles* ? Chut ! taifez-vous, Nof-
feigneurs

seigneurs ont fait une école, & s'ils alloient la réparer, cela brouilleroit les idées ; car d'ordinaire, il n'y a de supprimé que les bonnes choses : depuis quelque tems ils se négligent.

Freres ! quand j'y pense, c'est pourtant une belle invention que les Réglemens de la Librairie ! Avec cela l'on vous met un baillon aux gens, pour leur donner les étrivieres, & l'on dit qu'ils ne souffrent point, parce qu'ils ne peuvent se plaindre. Pour moi, en attendant qu'on me baillonne, je prends des à comptes tant que je puis.

A propos de livres, mes amis ; je vous recommande la lecture de quelques brochures du tems, dont se louent beaucoup les Libraires, telles que les *Conditions néceffaires à la légalité des Etats-Généraux*, les *Réflexions Patriotiques sur l'Arrêté de quelques Nobles de Bretagne* ; les *Réflexions sur la prochaine Tenue des Etats-Généraux*, les lettres & arrêtés des trois Ordres de Dauphiné ; mais sur-tout les *Etats-Généraux convoqués par Louis XVI* : il y a bien à dire sur les *Conditions* ; mais il y a de fort bonnes choses. Les *Réflexions sur la prochaine Tenue* sont très-bonnes aussi, mais il faut que chacun paie son tribut d'homme (1).

C'est une grave erreur à l'Auteur d'accorder au Gouvernement la nomination de 72 ennemis du Peuple, aux États-Généraux; c'en est-une autre de vouloir réserver les grades Militaires aux Gentilshommes exclusivement, cela discorde à tous ses principes; c'est un préjugé de naissance qu'il rétractera incessamment; je dis de naissance, car il est Noble; mais non pas de Bretagne. En réservant l'Armée aux Nobles, le Roi aura, sous vingt-ans, des Gardes Prétoriennes qui l'étrangleront: & nous, cent mille Despotes Militaires qui nous pilleront, égorgeront, prendront nos biens, nos femmes, &c. Pensez bien à cela!

Freres & amis! l'autre Procureur-Syndic, aussi Gentilhomme, est allé à Nantes pour tout *étouffer*. Il a fait peur à cinq Perruques qui ont désavoué nos douze Députés. Tantpis pour les Perruques, car nous les désavouerons elles-mêmes, & déjà il se fait des signatures par milliers. — On dit aussi que de tous côtés les Nobles font signer par leurs Maréchaux, par leurs Maçons, par leurs Perruquiers, &c. des

(1) On dit cet Ouvrage de M. le Comte d'H....res, Gentilhomme d'Anjou.

déſaveux de la Commune. Nos pauvres Freres, n'ont pas lu mon premier N.º, & ils ont tort ; car mon Dauphinois dit, que la penſée en eſt bien plus profonde qu'elle n'en a la mine. Aujourd'hui les Nobles ont beſoin d'eux : ils vont leur promettre des miracles ; & quand ils les auront bien liés, ils les fouetteront de leurs propres verges. Freres & Citoyens, entre vous, avertiſſez ceux qui s'égarent ; retranchez des bas de ſoie, un fichu, un pot de cidre, & vous vivrez bien ſans les Nobles.

Amis, ce Procureur-Syndic, qui eſt à Nantes, a écrit une Lettre où il nous traite comme un *Miniſtre* ; j'en ſuis fâché pour lui : il s'étoit montré ſi brave homme ! ſi zélé Patriote ! & nous l'avions ſi bien traité, tandis que les ſiens ne lui brûloient pas une chandelle ! C'eſt ſingulier, comme tout cela ſe tourne ! Ces Syndics-là veulent abſolument nous céder une Place dès cette année.

Amis, ce Syndic a fait des calculs par leſquels il prétend prouver que la Nobleſſe contribue à toutes les charges publiques, Capitation, Fouages, même Corvée, dans la même proportion que nous. Sa Lettre eſt préciſément la ſubſtance de l'imprimé qui a pour titre : *Réponſe d'un Gentilhomme Breton à un Commer-*

çant de *Nantes* , *fur la Requête de Cottin* , *&c.* ;
comme vous pouvez lire cela à bon marché, je
vais vous dire quelques-unes de mes Réflexions
fur la Logique de l'Auteur,

La fuite inceffamment.

N°. I V.

Nº. IV.

LA SENTINELLE DU PEUPLE,

Aux Gens de toutes Professions,
Sciences, Arts, Commerce & Métiers,
compoſant le Tiers-État de la Province
de Bretagne.

5 Décembre 1788.

Amis et Citoyens, l'Ecrivain Gentilhomme
(1) dit que M. Cottin a fait une démarche *illégale,*
en portant ſa Requête au Roi ; qu'il devoit la pré-
ſenter *aux Etats,* ſeuls compétans en matiere de
Conſtitution. Il a raiſon, ce Gentilhomme : nous
plaidons ſur l'incompétence ; il faut prendre la
Partie pour Juge ! ⊷ Mais, dit-il, vous avez le
Tiers aux Etats. ⊷ Oui, & vous le tout. Nous
dirons, *Meſſieurs de la Nobleſſe, Vous plaît-il*

(1) Voyez la réponſe d'un Gentilhomme Breton à
un Commerçant de Nantes, &c.

payer ? --- *VETO* : *Vous plaît-il nous donner des Repréſentans ?* --- *VETO* : *Vous plaît-il corriger tant d'abus ?* ... *VETO* : plus rien à faire ! Et ce-pendant nos Municipaux de Rennes & nos Avocats jurent par le *Veto*.

Les Etats ont ſeuls droit de juger. Nous le ſavons bien ; mais vous , Nobles, vous entendez les Etats comme ils ſont, & nous, comme ils doivent être ; c'eſt-à-dire où TOUT LE PEUPLE BRETON *ſera dûment repréſenté par un nombre ſuffiſant de Députés qu'il aura librement choiſis*, & non des Etats com-poſés de Députés partiaux & inſuffiſans, & de Nobles factieux entachés déſormais de la honte pu-blique de la vénalité. (1)

Citoyens , j'ai de l'humeur aujourd'hui ; & quand je vous aurai raconté les nouvelles , vous verrez ſi je n'ai pas raiſon.

Néanmoins , pour procéder méthodiquement , j'ai voulu éclaircir ce que les Nobles entendent par *leur droit de naiſſance* d'aſſiſter aux Etats. J'ai donc été chez un Docteur en Médecine, & je lui ai demandé ſi, en naiſſant , les enfans nobles avoient quelque choſe de particulier. Rien , m'a-t-il dit : comme tous les autres, ils ſont de petits enfans bien pleu-

---

[1] C'eſt un fait notoire , que depuis vingt ans, les ſuffrages de Gentilshommes s'achetent , dans les occa-ſions , le prix modique de 12 & 6 liv. par jour, & qu'ils ſont caſernés aux frais des Aſpirans aux places. La voix publique cité un emploi éminent déja deux fois obtenu par le preſtige de quelques Louis qui coururent pendant la nuit de porte en porte.

reurs & bien foibles. ⸺ *Et des Droits ?* Ils n'en
ont qu'à la pitié. ⸺ *Mais le droit de féance aux
Etats ?* Oh ! cela regarde l'autre Faculté.

J'ai donc été chez un Jurifconfulte, & je lui ai
demandé fi de tout tems tous les Nobles de Bretagne avoient eu droit d'affifter aux Etats. Non ,
m'a-t-il dit. Nos Ducs, qui étoient de petits Def-
potes Féodaux , comme tous les Souverains de leur
temps, n'y appelloient que ceux qu'il leur plaifoit
d'appeller , ou qui étoient affez forts pour les y
contraindre. Ce ne fut qu'à l'époque de la Ligue
que le parti d'Henri IV , & celui de Mercœur ,
divifant la Bretagne, chacun d'eux tint en même
temps des Etats, où pour accroître fes forces , il
admit quiconque fe préfenta. C'eft ainfi que dans
nos troubles derniers les Nobles de cent ans &
plus, ont admis à leurs Affemblées , & affocié à
leurs fignatures , les Annoblis de nouvelle date ,
afin d'oppofer plus de force aux attaques de deux
Miniftres. Il y a plus , cet ufage de venir aux Etats
eft d'une date affez moderne ; les procès-verbaux
font foi, que fur la fin du feizieme fiecle , on n'y
voyoit jamais plus de 15 à 20 Gentilshommes : de
1600 à la régence, l'ordinaire eft trente & quarante.
Ce n'eft que depuis cette époque , & fur-tout depuis
leDuc d'Aiguillon, que l'on a vu cette influence s'augmenter chaque jour & fe porter jufqu'a 900 Gentilshommes. Mais enfin , ai-je dit , comment définiffez-
vous le droit de féance ? ⸺ Je le définis un droit
d'ufage , de convention , de circonftances. ⸺ Et

le droit de naiſſance? ⎯ Il eſt de même que pour
tous les autres Citoyens. Chacun a le droit d'aſſiſter aux *Etats*, c'eſt-à-dire, à l'Aſſemblée de la
Nation dont il fait partie : mais comme ce ſeroit
une cohue, l'on convient de nommer des Fondés de
procuration, des Repréſentans ; & il feroit déraiſon-
nable qu'une Claſſe eût à cet égard des prérogatives.

Or donc, je dis que puiſque nous ne ſommes
plus au temps de la Ligue, puiſque les circonſtances
ont changé, notre conduite doit changer auſſi ;
par conſéquent retirant notre conſentement, en
ſuppoſant qu'il fût donné, nous aboliſſons le droit
d'uſage par notre droit de l'abroger ; & cette
abrogation eſt *légale*, quoi qu'en diſe le Gentilhomme ; parce que la Loi eſt *la convention faite par
le Peuple* ; il ne lui manque, que d'être *miſe en
vigueur par le Roi* ; & c'eſt pour cet effet que M.
Cottin, en ſon nom & au nôtre, a recouru à
ſon autorité.

Qu'a demandé M. Cottin ? Que demandons-nous
nous-mêmes, ſinon que l'on nous aſſemble, pour
conſtater notre deſir ? L'on dit que nous n'avons
pas le droit d'articuler les Chefs portés en la Requête.
Eh bien ! nous les retirons ; mais nous demandons
qu'on nous aſſemble ; nous le demandons nous qui
ne ſommes point la *Populace* de Quimper, quoique l'on veuille nous y confondre ; mais qui ſommes
les Habitans & Officiers Municipaux des Villes de
Nantes, St. Malo, Vitré, Rennes, Rhedon,
Montfort, &c. & les Habitans des Campagnes ;

Propriétaires ; Laboureurs , Artifans , Marchands ; qui fommes le PEUPLE de Bretagne, *nous deman- dons qu'on nous affemble* ; nous difons plus : Nous LE VOULONS ; parce que cette VOLONTÉ eft notre Droit , attendu que nous fommes le Peuple, ‒ le Peuple, dont là VOLONTÉ eft effentiellement LÉ- GALE , parce que l'intérêt du Peuple eft effen- tiellement L'INTÉRÊT *Public.*

Mais cette Affemblée légale eft précifément ce que les Nobles redoutent : Eh ! pourquoi la redou- tent-ils ? Eux-mêmes ont l'imprudence de nous en dire la raifon : c'eft que, difent-ils page 4 de Réponfe, *leurs intérêts ne font pas les mêmes que les nôtres* ; c'eft-à-dire qu'il leur importe peu qu'un Ennemi étranger envahiffe nos fortunes, pourvu qu'il refpecte les leurs : c'eft-à-dire qu'il leur im- porte peu que les Miniftres nous écrafent, pourvu qu'ils les ménagent : c'eft-à-dire qu'il leur importe peu que la Nation foit anéantie , pourvu qu'eux- mêmes fubfiftent : c'eft-à-dire que parmi nous il exifte une Nation qui nous eft étrangere , une Nation qui a des intérêts différens ; que dis-je ? différens ! des intérêts contraires, oppofés aux nôtres ; c'eft- à-dire , en un mot, que dans notre fein nous nour- riffons nos *ennemis.*

Oui , nos ennemis, & des ennemis auffi cruels que les Anglois & les Autrichiens ; car que feroit de plus une horde étrangere, fi elle pénétroit en Bretagne, que de lever fur nous des contributions,

d'envahir nos biens., nos fortunes, de violer nos
libertés & d'attenter à nos personnes ? & , n'est-ce
pas là ce que font journellement nos Gentilshommes ?
N'est-ce pas eux qui épuisent le Trésor Public ; le-
vent , sous le nom de pensions, de graces , bienfaits & gages , de vraies contributions hostiles ?
Si les Ministres & le Roi redoublent le poids des
Impôts , n'est-ce pas eux , qui , sous le nom de Cour-
tisans , Officiers, Magistrats les dévorent, & font les
vrais moteurs de l'exaction & du despotisme ? N'est-ce
pas eux qui, par des exclusions de toute espece , por-
tent atteinte à nos droits , & enchaînent notre indus-
trie ? N'est-ce pas eux qui , par l'effet de Loix
qu'ils dictent, accumulent en leurs mains toutes
les propriétés & nous réduisent à l'état de mer-
cenaires ? N'est - ce pas eux enfin qui , dans ce
moment , attentent aux restes de nos libertés , à
la sureté de nos personnes, par leurs instigations
auprès du Ministre , par leurs manœuvres cor-
ruptives , à Nantes & à Rennes, & par leurs vio-
lences récentes à Saint-Brieuc ?

   C'est un acte criant de despotisme que ce qui
vient de se passer à Saint-Brieuc. Sur les réclamations des Citoyens , il y avoit eu Assemblée de
Ville. Le Juge Royal (1) s'étoit chargé de porter

_____

(1) On dit cet homme par ailleurs târé pour sa
conduite dans l'affaire des bailliages ; & il est fâcheux
ici qu'une bonne cause se trouve en de mauvaises mains.

le vœu du Tiers-Etat. Pendant qu'il rempliſſoit
ſes fonctions, un Noble de la Commiſſion des
Etats l'a dénoncé aux Juges Seigneuriaux du lieu
qui, contre le texte formel des Ordonnances,
ſont deſcendus dans l'Aſſemblée, & l'ont trou-
blée par leur préſence, & par la rédaction d'un
Procès-verbal. Sur ce , Plainte, Information
& Sentence qui renvoie l'affaire à la Cour (du
Parlement). Là un Avocat-Général *Noble* a donné un réquiſitoire à des Magiſtrats *Nobles*, d'où
doivent réſulter quatre décrets contre des Citoyens , dont le grand crime eſt d'avoir excité
des réclamations juſtes.

Qu'ont fait de plus les Duumvirs Miniſtres ,
quand, dans les Chambres Aſſemblées, ils firent
deſcendre des Porteurs d'ordres tyranniques ?
qu'ont fait de plus les Agens du Deſpotiſme,
quand, forçant l'Hôtel de Cuillé, ils troublerent
le Synode des Magiſtrats ? & cependant cette
Aſſemblée étoit nocturne & clandeſtine ; elle
n'avoit pas les formalités preſcrites... Et aujour-
d'hui , que par un concours ſolemnel le Peuple
ſe porte à des Aſſemblées licites; aujourd'hui qu'il
vit ſous les Loix que ſon courage a conſervées,
ces mêmes Gentilshommes de robe & d'épée , ſi
fiers ennemis des tyrans ſe revêrent de la tyrannie ! Ils ſe ſubſtituent aux Miniſtres ! Ils agiſ-

---

C'eſt ſans doute le motif de l'animoſité du Parlement.
Il faut le dire & le répéter, les haînes des Corps ſont
plus terribles que celles des Rois.

fent dans leur efprit, raifonnent par leurs argumens, & parlent jufqu'à leur langage! Car c'eft
un tableau de comparaifon à-la-fois curieux &
indignant que celui de leurs défenfes contre le
Roi, & de leurs défenfes contre le Peuple. Il fe
trouve qu'ils difoient alors tout ce que nous difons aujourd'hui; & qu'ils nous répondent aujourd'hui tout ce qu'on leur répondoit alors. Ils
réclamoient la liberté des hommes, les droits
des Citoyens, le rétabliffement & l'obfervation
des Loix qui fondent la profpérité de l'Etat fur
le bien-être de chacun de fes Membres; & c'eft
ce que nous réclamons. Ils attaquoient des em-
piétemens d'autorité fur les dépofitaires légi-
times, des ufurpations de pouvoir deftructives de
la Société, des infractions de Loix expreffe ou
tacites, mais évidentes, parce qu'elles font na-
turelles; ils proteftoient contre des ufages déjà
invétérés, par la raifon que les abus ne fe con-
firment point par l'ufage, & que la Juftice, la
liberté font des Loix antérieures & imprefcrip-
tibles; & maintenant ils difent le contraire.

Que fi le Roi les eût pris pour Miniftres, fou-
tenant fa Caufe des mêmes argumens qu'ils em-
ploient pour la leur, ils euffent dit, qu'ayant *reçu*
de fes ancêtres un pouvoir arbitraire, ce pouvoir
étoit devenu fon patrimoine, & que l'on ne pouvoit
le reftreindre dans fes limites, fans violer la pro-
...été ...'ayant, depuis plus de deux fiecles fait

usage des *Lettres de Cachet*, *l'habitude les avoit
consacrées* : & ils eussent cité en leur faveur les
Arrêts de tous les Parlemens qui, en 1703, les
ont sanctionnées par leurs enregistremens ; ils
eussent légitimé le prétendu droit d'imposer,
par tous les actes approbatifs dont sont remplis
les Registres des Cours ; ils eussent soutenu à la
Nation que les Magistrats étoient ses vrais Députés, &c. &c. &c. Et n'est-ce pas ainsi qu'ils
raisonnent, quand ils défendent leurs abusives
immunités d'Impôts, leurs usurpations de prérogatives ; quand ils nous disent que nos *Etats
actuels* sont les Représentans de cette Province ;
quand ils affirment qu'il y a entre les Trois-Or-
dres *parité d'influence, balance d'autorité.* En
vain leur montre-t-on au doigt que les faits seuls
démentent leurs assertions ; qu'il n'y a point d'é-
galité, parce qu'il y a deux *Ordres contre un* ;
parce que, dans l'Ordre du Tiers, les Représentans ne sont point avoués, parce que le choix
des Députés n'a été ni complet ni libre ; parce
que ces Députés, la plupart gangrénés de l'esprit noble , sont déjà les ennemis du Peuple. Ils
ne démordent de rien , & nient jusques à l'évi-
dence, avec le front des Brienne & des Lamoignon.

Et c'est à de semblables Juges que nous
devons porter nos plaintes! C'est devant un
tel Tribunal que doit se plaider notre Cause

Oh! fi le fort m'eût fait la faveur de me placer aux premiers rangs du Peuple ; fi la plus humble des Villes qui députent m'eût chargé du foin de fa défenfe ; honoré d'un fi faint emploi, j'euffe porté à le remplir des fentimens qui m'en auroient rendu capable ; fiégeant dans la Salle des États le dernier parmi mes Confreres, ni la folemnité du Spectacle, ni la multitude des Gentilshommes, ni l'oftentation de leurs dignités, ni le fon pompeux de leurs titres, ni la comparaifon de notre petit nombre ne m'en auroient pu impofer. Contemplant d'un œil calme ce grand appareil, j'aurois attendu en filence, qu'arrivât mon rang de parler ; & quand après quelques débats nos Députés partiaux ou intimidés auroient lâchement rendu les armes, moi prononçant mon oppofition , je me ferois enfin levé. Sans doute un murmure éclatant eût accueilli ma réfiftance ; mais paifible dans le tumulte, ferme & décent en mon maintien, modefte fans abaiffement, affuré , mais fans arrogance , j'euffe laiffé un libre cours à la clameur de l'intérêt bleffé : & lorfque la rumeur populaire fe feroit enfin épuifée, alors, le cœur plein de la grandeur de mon miniftere, fort du cri de ma confcience, gage de fuccès, je ferois defcéndu dans l'Arêne pour y lutter *feul contre tous*. Que dis-je, feul ! tandis que les yeux du vulgaire m'auroient vu foible & ifolé ; mon imagination

plus vraie réalifant à mes regards la Nation en
tiere que j'aurois eu l'honneur de repréfenter
m'eût environné tout-à-coup d'une multitude in-
nombrable; j'euffe embraffé, dans mon efprit,
toute l'étendue de la Bretagne; j'euffe compté
fes Bourgs, fes Hameaux, fes Ports, fes Arfe-
naux, fes Villes; j'euffe affemblé leurs Habitans
de tous les âges & de tous les fexes; j'euffe con-
voqué les Laboureurs, les Artifans, les Mate-
lots, les Négocians, les Corps de Métiers, les
Familles, Hommes, Vieillards, Femmes, Enfans, & j'aurois fait defcendre toute cette multitude au milieu de la Salle *du Théâtre* (1) : alors
aggrandiffant mon Ame de la grandeur de ce
Spectacle, j'aurois accumulé dans mon fein les
volontés, les intérêts, les opinions, le courage
de tant de milliers de Citoyens; & ayant pour
force de raifonnement, la vérité, la juftice;
pour éloquence, un fentiment profond d'indignation; & pour talent, l'enthoufiafme du bien
public : j'euffe fait tonner fur l'Affemblée des
Nobles la voix de deux millions d'hommes, &
j'aurois écrafé de la puiffance de tout un Peuple cette petite troupe de rebelles.

Citoyens, j'étois dans l'agitation de ces fentimens, lorfque mon Ami eft entré chez moi.
Plein de mon fujet, voyez, lui ai-je dit, l'in-
dignité de ces Nobles de robe & dépée! & lui

_____
(1) Nom de la Salle des Etats.

racontant ce qu'ils ont fait à Saint-Brieux, à
Quimper (1), à Nantes, à Rennes, &c. Croi-
riez-vous, ai-je ajouté, que nombre d'entr'eux
ont le front de dire que *s'ils eussent deviné cela,
ils eussent laissé faire les Ministres?* Mon Ami,
m'a-t-il dit, appaisez-vous, vous êtes trop ému:
sans doute ceux qui tiennent ces propos sont
des Gens mal-honnêtes. Mais ces gens-là raisonnent juste: car les Ministres tenoient leur
jeu; le mal est que les deux Fripons n'ont point
voulu de partages. Que faire à cela? Tout *L'Ordre* à-la-fois ne peut pas être Ministre. — Et ces
Parlemens, ai-je repris, qui prétendent que
nous sommes des ingrats, comme s'ils n'avoient
pas dû cette expiation à tant de fautes; comme
si leur bienfait n'étoit pas leur devoir, & leur
intérêt propre? — Mon ami, vous avez raison;
il y a moins d'ingrats qu'on ne pense; mais les
bienfaiteurs sont des usuriers qui prêtent cent
pour avoir mille. Aussi un Philosophe (2) a dit,
*l'histoire des bienfaiteurs est un chapitre de plus
à joindre à l'histoire des tyrans.*

Tout ceci me rappelle celle de cet Italien qui
pendant qu'il fut Cardinal fit si bien la guerre au

---

(1) Oui à Quimper; car encore que l'adhésion aux
bailliages Ministériels fût une grave erreur, elle ne
méritoit cependant pas la persécution rétroactive du Parlement: & quand tout un canton reste armé contre ce
Tribunal avec tant d'opiniâtreté, n'est-il pas à présu-
mer qu'il a de bonnes raisons de s'en plaindre?...

(2) Feu M. Thomas.

Pape qu'il le dépouilla de presque toutes ses prérogatives; & qui, ensuite devenu Pape, la fit si bien aux Cardinaux qu'il les remit en esclavage.

Mon ami, voilà l'Histoire universelle; nous avons tous la manie du pouvoir : à bien, à mal, nous voulons tous être Despotes. Dans l'Etat, chaque individu, chaque corps s'efforce d'attirer à soi la puissance : or, comme elle réside dans le Peuple, chacun l'appelle à son secours, & crie : *Messieurs, je veux le bien public.* Si dans le choc des factions, l'une l'emporte, adieu la liberté de tous. Que peut-il arriver de mieux ? Que toutes restent en équilibre : aussi, comme le dit fort sensément l'Auteur des *Réflexions sur la prochaine tenue des Etats-Généraux :* « C'est » un grand bonheur pour la France que dans » la lutte du Roi & des Parlemens, aucun des » deux partis n'ait remporté de victoire com- » plette. »

Tenez, vous voyez ce que nous sommes en Dauphiné : eh bien ! il a été un moment où nous avons chancelé. Heureusement le *Tiers,* chez nous étoit éclairé; il nous a remontré notre injustice, & comme nous étions éclairés aussi, nous, l'avons sentie, & nous nous sommes exécutés de bonne grace. Votre malheur à vous est de n'avoir pas été plus voisins des Cantons Suisses, & des Imprimeries de Genève : mais cela viendra.

Puis, prenant en main la *Réponse d'un Gentilhomme Breton,* est-ce là ce qui vous a mis en co.

lere ? Sans doute, repris-je ! Un écrivain sourd &
aveugle ! qui de tout ce qu'on lui a répondu ne
voit & n'entend rien ; qui nouveau Lamoignon &
Brienne vous soutient *la légalité de ses Etats*,
la parité de puissance entre les Ordres ; qui nous
dit que nous régissons l'impôt, parce que nous
avons en petite partie la faculté de l'égailler, qui
va jusqu'à dire dans sa lettre que notre condition
est la même que celle de la Noblesse ! —Eh bien !
proposez-lui de troquer. Puisque mille Députés
& 42 sont égaux, faites ensemble un échange.

Ensuite arrivant au calcul où l'on prouve qu'un
Gentilhomme de 150 mille livres de rentes paye
17400 livres au Roi. Comment, dit-il, voilà des
culculs ! Oui, repris-je, des calculs pour prouver
qu'un homme qui a par an 132 mille livres net,
est quitte envers la Société N'est ce par un abus
énorme qu'un individu engloutisse ainsi le travail
de trois cents familles ! Que douze ou quinze
cents Citoyens se fatiguent toute l'année pour
le repos d'un seul homme ! — Eh ! mais voudriez-
vous la communauté des biens ? — Non certai-
nement, car il seroit injuste, quand les travaux
sont inégaux, que les jouissances fussent égales.
Voudriez-vous de nouveaux partages ? — Je ne
ne veux point d'absurdité ; les Nobles nous
en prêtent en vain pour nous ridiculiser ;
nous ne sommes point déraisonnables ; nous
ne voulons point renverser l'ordre naturel &
                                            social :

ſocial : nous voulons, au contraire, le rétablir, quand ils l'ont troublé. Et n'eſt-ce pas le troubler que d'avoir introduit, par exemple, la loi du *droit* d'aîneſſe, qui, pour un ſeul individu, déshérite toute une Famille? Pour accumuler ces 150 mille livres, dans la main de l'homme cité, combien n'a-t-il pas fallu ruiner de cadets depuis quatre ſiècles? Voilà d'où viennent ces fortunes énormes qui corrompent la Société; & voilà les loix qu'il faut preſcrire pour rétablir non une égalité chimérique, mais un équilibre de juſtice du droit à la propriété.

Vous avez de l'humeur, me dit mon ami! Eh! comment n'en aurois-je pas avec tant de ſujet d'en avoir? Comment voulez-vous, par exemple, que je voye de ſang froid l'affaire de Saint-Brieux?

Que vont devenir les Décrétés de Saint-Brieux? Quelle reſſource ont-ils? — Une reſſource bien ſimple; la formule légale de la cédule évocatoire, qui déclinant le Parlement comme Noble & Partie, portera l'appel à un Parlement Roturier. —Et s'il n'y en a point? —Il faudra en faire un; & ceci vous eſt un bon avis de l'importance de réformer le vôtre.

Amis & Citoyens! depuis quelque temps, conſidérant combien de choſes j'entends chaque jour de ce Dauphinois, j'ai pris le parti d'en tenir note

& d'en dreſſer un petit recueil, dont je veux faire une eſpece de Symbole à l'uſage des bons Citoyens : je ne vous en dirai aujourd'hui que deux ou trois articles qui m'ont paru très-importans.

Il dit, qu'il n'en coûte pas plus de bâtir à neuf que de rebâtir du vieux, & l'ont eſt beaucoup mieux logé; & il ajoute, qu'il a toujours vu ſe repentir ceux qui, par économie, réparoient les baraques.

Il dit, que ſi nous ne raſons pas de fond en comble notre gothique Conſtitution, nous aurons toujours une tournure gothique; & il ajoute, que nous devrions auſſi rebâtir Rennes, comme il étoit avant l'incendie.

Il dit, que les enfans qui regardent trop le foſſé avant de ſauter prennent la peur & y tombent; & il ajoute, que ſi les 42 n'avancent pas rondement, ils feront la culbute.

Il dit, qu'au lancer d'un Vaiſſeau, tant que l'on tient la cheville, on eſt maître de la machine; mais qu'une fois parti, il eſt trop tard de s'aviſer; & il ajoute, que ſi les 42 accordent le premier ſou, il n'y a pas de raiſon pour eux de refuſer cent millions.

Il dit, que pour prendre les oiſeaux, il faut porter le filet tout fait; & il ajoute, que les 42 doivent porter le leur dans leur poche, avec ces mots : *Rien* ou *Signez*.

Il dit, qu'on n'a jamais fait tant de chofes avec fi peu de mots; & il ajoute, que NON eft devenu l'art de gouverner.

Il dit, que quand les bons Généraux ont de mauvaifes Troupes, ils mettent du monde à la queue pour fabrer ceux qui fuient; & il ajoute ; que pendant la Bataille des *Etats*, les Communes doivent fe tenir derriere, afin que fi les 42 reculent, elles les caffent fur la place: & fur ce que je lui ai demandé, ce qu'on feroit des Gens caffés; il m'a répondu: il faudra en faire des *Nobles de Bretagne*:

Il dit que la Bataille des *Trente*, pourtant fi célèbre, ne fut qu'un combat de coqs pour le plaifir de la compagnie; & il ajoute: que celle des 42, s'ils ont du courage, fera comme celle des Suiffes, qui fecouerent le joug des Allemands, vingt fois plus fort qu'eux.

N°. V.

LA SENTINELLE
DU PEUPLE,

Aux Gens de toutes Professions,
Sciences, Arts, Commerce & Métiers,
compoſant le Tiers-État de la
Province de Bretagne.

2ʒ Décembre 1788.

Amis et Citoyens! je ne suis pas encore mort; mais je n'en vaux guere mieux : je crois que les Nobles m'ont *jeté un sort.* Depuis mon dernier Numéro , j'ai failli me rompre dix fois le cou ; ensuite la *Brienne* m'a pris. Mon métier est sujet au rhume. Il m'a fallu garder le lit , et j'ai cru que j'y resterois. Pendant ce tems-là , *mon Cousin* m'apprenoit de fâcheuses nouvelles. Il me disoit que les Nobles avoient mis debout tous leurs limiers pour me rencontrer, et que leurs Freres, au bonnet quarré, avoient demandé quatre espions à Paris ; et que se tenant sûrs de leur coup, ils faisoient venir deux Inquisiteurs d'Espagne pour faire de moi un Auto-da-fé. Tout cela m'a donné sur la tête. La fievre est venue, le délire s'en est mêlé ; et je ne rêvois plus que Nobles, que Commissaires de Parlement, que *décrets de prise de corps, interrogatoires sur la sellette, question ordinaire et extraordinaire ; et finalement, grillade judiciaire, pour cas résultans du procès.* Heureusement la fievre a cédé, et tous ces vilains phantômes ont disparu devant le bon sens et la santé ; mais la tête me reste foible ; je ne puis écrire une heure de suite ; et j'étois fort embarrassé pour remplir auprès de vous mon ministere, au début de la nouvelle année, quand mon bon Ange m'a procuré une lettre où j'ai trouvé la moitié de ma besogne faite : cette lettre est de mon Dauphinois ; car vous saurez, qu'en attendant nos Etats, il est allé en Basse-Bretagne, à St. Brieuc, à Quimper, à Hennebond, pour juger par lui-même de la situation des affaires.

Il vous souvient que, sur la fin du mois dernier, les Chanoines de notre Cathédrale firent aussi un Arrêté par lequel, protestant contre toute innovation, et invitant tous les Chapitres à les imiter, ils se déclarerent fauteurs de la Noblesse et ennemis du Peuple. Je ne manquai pas de mander cette nou-

velle à mon Ami ; et lui observant que ces Prêtres
étoient nés dans notre Ordre, je lui témoignois mon
étonnement et mon chagrin de leur désertion : voici
ce qu'il vient de me répondre à ce sujet.

« En vérité, mon cher Ami, pour un homme
» de votre métier, je vous trouve aussi arriéré
» que vos Compatriotes. Quoi? vous voudriez que
» des-Chanoines ieussent des vues patriotiques ?
» qu'ils fussent épris de l'amour du bien public ?
» Est-ce que des hommes qui ont abjuré la terre
» ont une Patrie ? Est-ce que des individus qui
» ont brisé les plus doux nœuds du sang, ont des
» Concitoyens ? Vous vous étonnez qu'ils aient l'es-
» prit noble ? et quelle différence faites-vous donc
» d'un Chanoine à un Gentilhomme ? J'avoue, qu'à
» l'extérieur, ils ont quelques signes distinctifs ;
» et que cet Auteur Allemand, qui s'est amusé à
» dresser un système botanique des Moines, en les
» classant, comme *Linné*, par leurs Capuchons, leurs
» Cordons, etc., pris pour Petales et Pistils ; que
» cet Auteur, dis-je, auroit pu en faire deux genres ;
» qu'il eût décrit, l'un par la phrase *capite impen-*
» *nato tricorni, caudâ ferreâ*, à *tête triangulaire pa-*
» *nachée* (chapeau à plumet) et *queue de fer*, (l'épée)
» et l'autre *capite quadrangulari, caudâ cariatidis*,
» tête quadrangulaire (bonnet quarré), et pieds
» en cariatide, (à raison de la soutane) : mais je
» suis persuadé qu'au caractere intérieur et essen-
» tiel, il eût, comme moi, défini le Chanoine et le

» Gentilhomme également, *ens recumbens et consu-*
» *mens, prorsùs inutile,* un être chommant et con-
» sommant, en résultat très-inutile,,.

„ Or, d'après cette inutilité des Chanoines, dans la
„ machine sociale, comment voulez-vous qu'ils ne
„ s'opposent pas à toute innovation, quand toute in-
„ novation menace de réforme ? Dites-moi, dans
„ votre conte de la grande Dame malade (No. 2),
„ croyez-vous que si l'on prenoit l'avis des souris et
„ des rats qui profitent du désordre de la maison, pour
„ ronger jambons et fromage, ils opinassent pour la
„ réforme ? Et que sont les Chanoines, s'il vous plaît,
„ sinon les rats dans le fromage ? Ils le sentent
„ bien, et mieux que vous ; aussi, dans tous les cas,
„ font-ils leur possible pour s'opposer à tout chan-
„ gement, se regardant comme *dénichés*, si ja-
„ mais l'on porte la *chandelle* dans la cave et dans
„ les greniers. „

» A propos de *chandelle*, il me revient une bonne
» histoire, non de celles que l'on fait à plaisir, mais
» une histoire très-réelle, telle qu'avec tout l'esprit
» du monde on ne sauroit la controuver.

» Vous connoissez la Ville de Tours, jadis Mé-
» tropole de votre Bretagne; eh bien ! à Tours, il y a
» quatre ans, le Maire de Ville, celui-là même qui
» vient de figurer au rang des Notables, le Maire,
» dis-je, et les principaux habitans, excités par l'exem-
» ple de la plupart des grandes Villes, jugerent con-
» venable à la sûreté, à la dignité de la leur, d'y
» établir les lanternes publiques, dites *réverberes*. Le

» 29 Décembre 1784, la Municipalité s'étant con-
» voquée, le projet en fut arrêté. Par une noncha-
» lance assez ordinaire aux Hôtels-de-Ville, l'exé-
» cution en demeura suspendue ; mais l'idée ayant
» repris vigueur en Août 1786, l'on mit enfin la
» main à l'œuvre, et l'on prépara *l'éclairement*
» pour l'hyver, suivant ».

--» Pendant ce tems naquit une rumeur secrette :
» des gens du Peuple se plaignant qu'on ajoutoit
» une nouvelle dépense à leurs charges, commen-
» cerent de murmurer ; je ne les blâme point, si
» comme il est possible, les Officiers municipaux
» avoient réparti la taxe d'une maniere peu juste :
» mais bientôt des gens aisés, des riches, des opu-
» lens qui ne pouvoient prétexter qu'on leur re-
» franchât sur le nécessaire, ni même sur l'utile,
» élevent aussi la voix : si bien que la Ville de
» Tours se partagea en deux factions, celle de
» la *lumiere* et celle des *ténebres*. L'hyver vint ;
» et son influence accrut le parti des *ténebres* ;
» la haine des *lumieres* éclata, les mécontens en-
» hardis se montrerent; on déclama hautement contre
» les réverberes ; enfin les choses en vinrent au point
» que le peuple s'ameuta, insulta Echevins et
» Maire, assiégea celui-ci dans sa maison, et brisa
» toutes les lanternes.

» Ces Tourangeaux, me direz-vous, sont donc des
» fous, des enragés. -- Point du tout, ils sont bon-
nes-gens, d'ordinaire très-pacifiques.-- Mais pour-

» quoi donc cette lubie? Pourquoi? C'est qu'ils ont des
» Chanoines, comme les vôtres; voici le fait. A Tours
» existent deux Chapitres : l'un de la *sainte Eglise*
„ de Saint-Gatien , l'autre de la *Noble et insigne*
„ Eglise de S. *Martin*; tous deux , graces aux fo-
„ lies de nos ayeux; richement dotés en fonds de
„ terre : par donations et legs pieux, pour con-
„ cessions en l'autre monde, ils possedent dans celui-
„ ci un vaste fief et nombre de maisons dans la Ville.
„ Or, comme la taxe des réverberes rétomboit
„ sur les propriétaires, ces saints personnages ef-
„ frayés de s'y trouver pour six ou sept cens livres,
„ résolurent de faire échouer l'entreprise. Le moyen
» fut tout simple; on ameuta les locataires; qui n'eu-
» rent garde de résister; on clabauda chez les amis,
» qui clabauderent par amitié; on compassionna
» les gens riches qui aiment à prendre en pitié; on
» prit pour juges meres et filles qui furent char-
» mées de juger ; et vous concevez maintenant
» le vacarme. Forts , enfin , de la voix publique ,
» les Chanoines leverent le masque; et se consti-
» tuant champions du Peuple , ils intenterent
„ un bon procès à la Municipalité. L'affaire fut
„ portée au Conseil, et chacun fournit ses Mé-
„ moires. Or devinez les moyens des Chanoines:
„ — *Réclamations au nom des pauvres* , me direz-
„ vous d'abord. — Oüi, et bien étayées des signa-
» tures de tous les Curés. — *Plaintes en faveur*
„ *des artisans , pour qui des réverberes sont un*
„ *luxe*

» luxe inutile ; inculpation des gens riches qui n'au-
» ront pas assez payé. Précisément. Autre inculpation
» des Municipaux qui auront eu la foiblesse de se pré-
» valoir de leurs priviléges. -- Vous y êtes. -- Ré-
» clamation contre la Municipalité, comme ne repré-
» sentant pas légalement la Commune. -- Il est vrai,
» un peu de cela, mais très-légérement; les Cha-
» noines n'entendent guere le vrai droit public :
» ensuite ; -- mais je ne vois plus rien à dire ; --
» je le crois ; on ne devine pas cela. Eh bien ?
» les chanoines ont ajouté en propres termes ,
» dans un imprimé que j'ai lu : Que la lumiere fa-
» vorisera les vols de bourses, les insultes de toute
» espece; que l'illumination donnera aux libertins
» et libertines, dont (hélas !..) le commerce infame
» n'est que trop connu à Tours , plus de facilité
» de sortir tous les soirs : qu'il est remarquable
» que déja ce commerce a sur-tout lieu au clair de
» la lune; en sorte qu'il est bien évident que la lumiere
» favorise le crime, la débauche , et est plus nuisible
» qu'utile à la sûreté publique (1).

» Delà ne suit-il pas qu'on devroit aussi suppri-
» mer la lune ? Soit béni le Ciel, mon ami, de nous
» avoir donné le soleil, sans prendre d'avis ! car
» si le Très-Haut eût fait à ce sujet une assem-
» blée de Notables, il y eût eu pour le moins ,

_____

(1) Mémoire présenté au Conseil, pag. 6 et 7.

„ 103 voix contre 37, pour ne point avoir de
„ soleil.

„ Si maintenant vous songez, que chaste hom-
„ me feu *Grécourt*, fut collegue de ces chanoi-
„ nes, vous serez sans doute édifié de leur zele
„ pour les bonnes mœurs. Les plaisans qui voyent
„ tout en mal, en ont conté bien des folies. Moi,
„ pour vous en dire la morale, j'emprunterai le
„ mot d'un de mes amis, le baron d'H--ch. Le
„ député de St Martin, l'abbé H. jadis Jésuite,
„ l'ayant trouvé aux Thuileries, et l'ayant lon-
„ guement ennuyé *des intrigues des Municipaux*,
„ de la *misere du pauvre peuple*, *de l'odieux des ré-*
„ *verberes* : M. l'Abbé, interrompit le Baron,
„ savez-vous ce qui m'étonne le plus dans cette
„ affaire ? C'est de voir qu'au dix-huitieme siecle,
„ des gens de votre robe osent encore se mon-
„ trer aussi ennemis de la lumiere, au physique
„ qu'au moral.

„ Mon ami, dans toute cette affaire vous n'au-
„ rez d'Ecclésiastiques en votre faveur, que les
„ curés et leurs vicaires, c'est-à-dire, le seul
„ clergé de France réellement utile, vraiment
„ lié a la constitution. Tout le clergé supérieur,
„ c'est-à-dire, le clergé riche et inutile, évêques,
„ abbés, chanoines, etc. etc., sera contre vous;
„ il y auroit trop à perdre pour cette classe,
„ si l'on rétablissoit le bon ordre; et je suis
„ tenté d'en féliciter la Nation; car, vu l'impossi-

,, bilité absolue qu'elle succombe en cette lutte,
,, il est avantageux pour elle que tous ses ennemis
,, se décelent et soient vaincus sans capitulation,
,, afin qu'elle leur impose des loix de stricte
,, justice ,,.

Citoyens, vous vous rappellez l'Arrêté de Cha-
teaugiron, qui a fait bruit à Paris même ; il a
donné lieu à une anecdote que je ne veux pas
perdre. Lorsqu'il parut, le *Conseil noble* députa
au Seigneur du lieu, des Ambassadeurs qui lui
demandèrent la destitution du procureur - fiscal,
auteur de la pièce. L'honnête seigneur leur repré-
sentant qu'il étoit contraire à ses principes de
gêner des officiers publics, dans des fonctions
publiques, mit *néant* au bas de leur Requête. Nos
gentilshommes ne se rebutèrent point ; ils s'a-
dressèrent à madame la Comtesse sa bru. Les dames sont douces et polies ; elle les refusa de la
meilleure grace ; mais messieurs ayant insisté ; elle
les repoussa si vertement, qu'ils prirent leurs
chapeaux, sans regarder, et s'en allèrent avec
leur courte honte. Dieu soit loué ! je ne croyois
pas qu'il y eût des noblés Dauphinois en Bretagne.

Citoyens ! aussitôt que j'ai pu sortir, je me suis
mis en campagne, pour exercer mon ministère :
mais, vers la moitié de ma ronde, je ne fus pas
peu surpris de m'entendre crier : *Qui vive ?* Oh ! oh!
me dis-je tout bas, je croyois être la seule Sentinelle.
Puis haussant la voix ; un Citoyen, répondis-je.

Alors, m'étant approché de l'homme en faction: Camarade, de qui êtes-vous donc Sentinelle ? — De la Noblesse, répondit-il. — Vous êtes donc Noble ?— Non, je suis Plébéien, et me fais honneur de l'être. — Et comment servez-vous la Noblesse ? — Ne voyez-vous pas, reprit-il tout bas, que c'est une ruse ? J'attrappe, sous ce déguisement, des nouvelles; et il se prit à m'en conter. — Camarade, lui dis-je, votre intention est bonne, mais vous vous trompez de métier. Croyez-moi, changez-en, ou changez de titre.

Je rêvois à cette aventure, quand à cent pas de-là, je m'entendis encore crier: *Qui va là ?* Le son mielleux et patelin de la voix me donna du soupçon; et comme, à raison de l'obscurité, je ne distinguois pas de qui elle venoit, j'avançai brusquement, sans rien répondre, pour tâcher de reconnoître l'homme. *Qui va là ?* redoubla-t-il en me voyant près de lui? Alors le reconnoissant: Ah! ah! lui dis-je, c'est vous, M. l'Abbé? Et quel métier, faites-vous donc là? Monsieur, me répondit-il, je suis en Sentinelle. — Et pour qui? — Pour le Peuple. — Allons, M. l'Abbé, vous plaisantez, vous voulez dire *pour le Pape.* — Non, Monsieur, je suis la *véritable Sentinelle du Peuple.* — C'est donc à dire que moi, qui vous parle, je suis la fausse. A moi, Freres et Citoyens! et sur-le-champ, je me mis en devoir de saisir le traître; mais le drôle relevant ses *jupes,* prit la course; et favorisé par l'analogie des ténebres à sa simarre , il disparut à mes yeux.

Amis ! s'il se présente à vous , il est facile à reconnoître ; il a pour devise la fable du *Vieillard et ses enfans* ; mais celle qui lui convient, est le *loup devenu berger* ; il prêche *l'union* et la *concorde* ; mais c'est tout comme lorsqu'il prêche *désintéressement* et *chasteté* : il conseille l'un et pratique l'autre , sous le nom *d'union* à la Noblesse et au Clergé , il vous engage à continuer votre esclavage. Mais désormais vous n'êtes plus dupes , et vous savez apprécier les Sentinelles à bénéfices et à pensions.

Amis, faites - vous une observation ; les Nobles ont levé les premiers l'étendart du schisme ; ils ont prêché la scission : moi qui connois leur fort et leur foible , je les ai pris au mot : quand ils se sont vus saisis sur le tems , ils ont retourné la médaille , et maintenant ils prêchent l'union. Mais ramenons-les à leur premier *dire* ; unissons-nous bien entre nous ; mais tenons-nous séparés d'eux , jusqu'à ce qu'ils soient devenus comme nous , pareils à nous-mêmes ; à moins que nous ne devenions comme eux.

Peuple de Rennes , Peuple indignement trompé , indignement abusé ! avez-vous lu la *Lettre du Chevalier de Guer* ? Moi je l'ai lue toute entiere , non pas une fois , mais deux et trois fois : je l'ai méditée , discutée dans toutes ses parties , et du sens le plus rassis , malgré sa colere contre moi.

M. le Chevalier, pardonnez-moi ; je suis aussi de ce *Peuple trompé* ; je vous ai cru seul de votre nom, et je vois que vous êtes deux freres : deux freres très-différens, à qui je dois des sentimens très-opposés... Le Chevalier de GUER, entêté de tous les préjugés de son Ordre, se croyant, à titre de Noble, d'une espece particuliere (1), despote altier de ses vassaux; exerçant, à titre de *droits*, les *usurpations* de ses ancêtres; appellant *loix* les *volontés* d'une ligue d'oppresseurs du peuple; s'élevant contre les tyrans, non par haine, mais par jalousie; essayant d'ameuter ses Pairs par des lettres séditieuses; essayant de soulever le peuple par des rumeurs calomnieuses; comparant Necker à Brienne, et répandant de tous côtés de vaines terreurs de *gabelle*, quand il est avéré que cet odieux impôt sera détruit dans toute la France : déraisonnable enfin, au point de soutenir que le Tiers-Etat, même en Bretagne, n'est pas plus vexé que la Noblesse. Voilà le chevalier de Guer, en qui j'ai attaqué tous les vices de ses semblables, contre qui j'ai voulu susciter par le sarcasme et le raisonnement, l'indignation et la vengeance publiques.

Mais le Chevalier *de Guer*, parlant le langage de la philosophie, et plaidant en faveur du peuple; le Chevalier de Guer, mettant le doigt sur

(1) Il n'y a pas encore 20 ans, qu'il fut fait en Bretagne, un Mémoire pour prouver que les *Nobles* de la Province étoient une race d'hommes différens des autres; et cette absurdité y a encore des sectateurs.

le secret de la politique., en ramenant toute la
question à l'inégalité vicieuse des richesses ; at-
taquant l'esprit corrupteur du *Gouvernement* ,
dans la vénalité des charges, et les exclusions des
jurandes ; dévoilant l'esprit corrompu des hauts-
Roturiers dans les Municipalités si mal composées ;
dénonçant leurs malversations de régie, leurs dé-
penses inconsidérées , leurs impôts de ville si inique-
ment assis : le chevalier de Guer voulant soulager
l'homme pauvre, l'homme qui manque de pain, de bois,
de boisson, aux dépens de l'homme qui regorge,
qui a des chevaux , des bijoux, des lambris dorés ;
celui-là je l'honore et je le révere du plus vrai sen-
timent. Courage , homme vraiment Noble, vous
êtes dans les bons principes : attaquez ces riches
de Clergé, si scandaleux dans l'emploi de leurs
richesses ; attaquez ces riches Roturiers qui n'as-
pirent qu'à trahir leur Ordre : repoussez ces hommes corrompus , qui font de l'honneur un prix de
finance ; et vengez l'outrage qu'ils nous font, en
s'honorant, lorsqu'ils sont les premiers d'entre
nous, de devenir les derniers des vôtres.

Que si cependant deux êtres si divers se trouvoient
la même personne, sans doute je ne pourrois l'aimer ;
mais je ne saurois non plus la haïr : je me contenterois
de gémir sur la condition humaine, qui admet tant de
contradictions, qui mêle tant de force à tant de foiblesse. Je ne m'indignerois que contre les richesses, cause
véritable de cette corruption : car ce sont elles qui, dès

l'enfance, environnant d'adulateurs un être fragile, lui
donnent de sa puissance une opinion insolente, suscitent
son orgueil, endorment sa compassion, enhardissent
sa licence, et pétrissent son ame de l'habitude de
tous les vices. Dans des circonstances différentes,
le même être eût été tout autre : j'eusse pu être
le Chevalier de Guer ; il eût été *moi* à ma place.
Avec cette ame fière et ardente, il eût haï mon
injustice, persécuté ma tyrannie ; j'eusse détesté
son audace, mais sans pouvoir la mépriser ; et dans
ma position présente, quand j'ai tant de raison
de m'indigner, ne sens-je pas que l'audace qu'il mon-
tre, fait encore à mes sentimens surnager celui
de l'estime ?

Mais quittons ces personnalités, pour songer à
la chose publique. Monsieur le Chevalier, jettez un
regard élevé sur la France et sur la Bretagne ; et
à l'aspect des nuages immenses de l'horizon, jugez
quelle tempête se prépare : considérez la fermenta-
tion des esprits s'augmenter, le choc des intérêts
s'accroître, l'équilibre de la paix chanceler, le feu
de la sédition prêt à paroître, l'incendie de la *guerre
civile* prêt à éclater ; et si la *guerre civile* éclate,
représentez-vous le tableau de tous ses désordres;
transportez tout-à-coup, chez nous, les ravages
récens de l'Amérique ; ressuscitez les malheurs de
nos Peres ; et sur cette terre maintenant si pai-
sible, peignez-vous sorties de leurs tombeaux les
furies

furies de la St. Barthelemi et de la ligue, répandant la désolation et le carnage ; voyez les liens de l'Etat dissous, le frein des passions brisé, le champ ouvert à la licence ; voyez le Peuple mutiné, la justice civile suspendue, les impôts par-tout refusés, l'armée sans solde débandée, des troupes de brigands formées, les communications rompues, la sûreté anéantie, la sédition dans les villes, le pillage dans les campagnes, les allarmes dans les familles. Dans ce danger des Citoyens, voyez le danger de votre Ordre ; en vain il veut se rassembler, pour opposer plus de résistance ; la jeunesse roturiere se ligue, et forme des corps volontaires redoutables. On suscite vos paysans contre vous ; et leur donnant en propriété ce qu'ils n'ont maintenant qu'en fermes, ils deviennent vos plus ardens ennemis. Vos châteaux sont incendiés, vos richesses sont dissipées, vos droits féodaux vous sont arrachés ; et vos femmes et vos enfans se trouvent exposés aux insultes de la populace, et aux besoins de la pauvreté : et lorsque, dans ce combat terrible de la Nation contre vous, vous remporteriez la victoire, en détruisant nos corps et nos biens, que détruirez-vous, sinon les instrumens de vos richesses ? Et à quoi vous servira de régner, si vous ne régnez que sur des tombeaux et sur des ruines ?

Ah ! puissent s'éloigner tant de noires pensées ! Hommes riches, au nom de la paix, de cette paix si douce, qui vous environne de jouissances ; de cette paix qui vous procure un logement commode, une table délicate, des ameublemens somptueux; ah! prévenez tant de maux. Par compassion, si ce n'est par justice, quand vous êtes rassassiés, cessez d'affamer l'homme pauvre; cessez de disputer son pain au Peuple, de le pousser au désespoir; songez que si vous avez des privilèges à garder, il a une vie à défendre; et tremblez de livrer un combat où il n'a rien à perdre, et tout à gagner.

Monsieur le Chevalier, vous avez arrêté l'invasion du despotisme de deux Ministres; arrêtez celle de l'anarchie; songez qu'à la guerre civile menace de se joindre une guerre étrangere; et entendez l'Europe prête à dire: Ces Gentilshommes François, si jaloux de l'honneur, si prodigues de leur sang, nous les pensions avides de gloire, ils ne l'étoient que d'argent: et pour un peu de ce vil métal, ils ont incendié leur Patrie, et préféré la perte de leur Nation, à la perte de leur tyrannie !

F I N.

CPSIA information can be obtained
at www.ICGtesting.com
Printed in the USA
BVHW040908050219
539516BV00009B/187/P